大学・地理教育巡検の創造

中牧 崇

古今書院

はしがき

　巡検学習・フィールドワーク学習は，地理教育の最も重要な学習方法であるにもかかわらず，実施率は低い状況にある。その主な要因として，松岡路秀氏は「巡検等の学習の基礎的考察とワンポイント巡検の提唱」（松岡路秀・今井英文・山口幸男・横山　満・中牧　崇・西木敏夫・寺尾隆雄編『巡検学習・フィールドワーク学習の理論と実践―地理教育におけるワンポイント巡検のすすめ―』，古今書院，2012 年）のなかで，①時間数の不足，②安全上の心配，③指導者の経験不足，④適当な学習対象となる事象が少ない，ということを指摘している。実施率の向上をはかるため，全国地理教育学会では手軽に実施でき，学習効果が高い巡検学習の重要性を指摘したうえで，「ワンポイント巡検」を含む「地理教育巡検」の理論的・実践的研究を重視している。また，松岡氏は「地理教育巡検」を小学校・中学校・高等学校・大学等それぞれの地理教育カリキュラムのなかに位置づけられた巡検で，観察を中心に見学・調査の手法を用いつつ，野外（現地）を巡ること，「ワンポイント巡検」を一時間単位程度で，学校周辺を少数の事象に絞って行う地理教育巡検と定義している。

　一般的に，大学は教員志望の学生が地理教育巡検を経験することが可能な最後の機会になっている。それゆえ，大学における地理教育巡検の実施は，前述③を補ううえで重要であると考え，著者は東洋大学白山キャンパス（東京都文京区）における教職科目「地理学」の授業の一環として，白山キャンパスの周りを中心に特設テーマ的な実践を続けてきた。それを根幹としたうえで，本書では 2 部構成，全 8 章にした。非教員養成系の大学における教職科目「地理学」を対象に，地理教育巡検のさまざまな実践を取り上げたのは著者がはじめてであることから，書名に「創造」を入れることにした。

　第 1 部は，教育現場における地理教育巡検の実態をまとめたものである。第

1章が従来の研究を整理し，大学における地理教育巡検の実態と課題について明らかにした内容になる。また，第2章が教職科目「地理学」の履修学生へのアンケート調査をもとに，中学校・高等学校における巡検学習・フィールドワーク学習の実態に関して考察した内容になる。第1部で得られた内容は，大学における地理教育巡検をより効果的にすすめていくうえで重要であると考える。第2部は，ワンポイント（的）巡検・半日巡検による実践をまとめたものである。第3〜5章が白山キャンパスの（すぐ）近くの地域でのワンポイント（的）巡検による実践の内容になる。また，第6〜8章が文京区と隣接する区の一部も含む地域での半日巡検による実践の内容になる。なお，第2部における地理教育巡検およびワンポイント巡検の定義は，前述の松岡氏のそれと一致する。

さらに，章と章の間には計7コラムが入っている。各コラムは，著者が地理教育巡検の準備をすすめていくなかで気がついたことをもとにまとめたものである。章の内容と一部重複しているものもあれば，巡検対象地域以外の地域が登場しているものもあるが，地理教育巡検に関係する内容の理解を深めていくうえで意義は大きいと考えている。

第2部の各実践は，2010〜2015年の内容を加筆・修正したものである。各実践では観察ポイントの「ねらい」を強調している。これは，参加学生がワンポイント（的）巡検・半日巡検を通して，地域の特色を見聞し，検討しやすくするための助けになると考えたためである。なお，「ねらい」の前提となる項目が，章により「巡検の視点」や「巡検の目標」になっている。また，実践の反省点として，「ねらい」でしばしば出てくる「台地（の上）」は「台地の平坦面」や「台地の緩斜面」などに，「開析谷（のなか）」は「開析谷の平坦面」や「開析谷の急斜面」などに分類すれば，参加学生が地形の起伏の程度や，地形条件のちがいが都市景観に反映していることに，いっそう気づきやすかったのではないかと考えている。したがって，各実践には不十分な点が多々みられるが，著者の東洋大学白山キャンパスにおける地理教育巡検の実践のあゆみを見つめ直しておきたいことから，実践当時の内容のままにしている。また，本書で取り上げた観察ポイントのなかには，その後（大きく）変容するものも含まれるが，巡検対象地域の記録を残しておく意味合いで，実践当時の内容のままにし

ている。さらに，実践のなかにはコース，観察ポイントと指導内容が別の実践と一部重複しているものもあるが，これは白山キャンパスの所在地である文京区白山を集合・解散地点としているために生じたことを，あらかじめお断りしておきたい。

　著者がこれまで担当してきた教職科目「地理学」の各授業は，おおむね毎年度の履修学生が100名以上（年度によっては200名以上）と大人数のため，履修学生全員を対象に地理教育巡検を実施することが物理的に不可能である。そのため，地理教育巡検は任意参加形式をとらざるを得なかった。この形式では，授業のなかで地理教育巡検の実施のための事前学習・事後学習を行うことが不可能なこと，巡検実施前の授業では地形図を扱った地図学習が配布資料やパワーポイントを用いながらの講義形式を採らざるを得ないうえ，主体的・対話的で深い学び（アクティブ・ラーニング）を取り入れることが不可能であったことも，あらかじめお断りしておきたい。また，地図学習では地図的能力の諸点とその指導方法について検討しなければならないが，それらは著者が「巡検学習における地図的能力と地図指導」（山口幸男・山本　實・横山　満・山田喜一・寺尾隆雄・松岡路秀・佐藤浩樹・今井英文・中牧　崇編『地理教育研究の新展開』，古今書院，2016年）でまとめているので，ご参照いただきたい。本書が地理教育巡検の活性化に少しでも貢献することが可能となれば，著者としてこれ以上の喜びはない。

　最後に，本書の刊行をご承諾いただいた古今書院橋本寿資社長および編集をご担当いただいた原　光一氏に心よりお礼申し上げます。

2018年11月　中牧　崇

目　次

はしがき　i

第 1 部　教育現場における地理教育巡検の実態　　　　　1

第 1 章　大学における地理教育巡検の実態と課題
──非教員養成系の大学を中心として ……………………… 3

1. はじめに　3
2. 大学における地理教育巡検等の実態　3
3. 大学における地理教育巡検の課題　6
4. 大学等における地理教育巡検の改善策　8
5. おわりに　11

コラム 1　10,000 分の 1 地形図が発行されなくなって困ったこと ……… 15

第 2 章　中学校・高等学校における地図学習と巡検学習・
フィールドワーク学習の実態に関する考察
──大学生へのアンケート調査をもとに ……………………… 19

1. はじめに　19
2. 地理の授業の概況　20
3. 地図学習の実態　22
4. 巡検学習・フィールドワーク学習の実態　27
5. おわりに　30

コラム2 「所変わらなくても品変わる」 …………………………………… 33

第2部 ワンポイント（的）巡検・半日巡検による実践 37

巡検対象地域（第3〜8章）の概要 ………………………………………… 39

第3章 台地と谷に着目した市街地でのワンポイント巡検（その1）
──東洋大学白山キャンパスのすぐ東部での実践 …………… 43

1. ワンポイント巡検のテーマ・目標と事前学習　43
2. ワンポイント巡検のコースと地図
　 ──10,000の1地形図の使用を中心として　44
3. ワンポイント巡検の観察ポイントと指導内容　46
4. ワンポイント巡検に対する参加学生の反応　53
5. おわりに　54

コラム3 東京における「下町」の範囲 ………………………………… 58

第4章 台地と谷に着目した市街地でのワンポイント巡検（その2）
──東洋大学白山キャンパスのすぐ西部での実践 …………… 61

1. ワンポイント巡検のテーマ・目標と事前学習　61
2. ワンポイント巡検のコースと地図
　 ──2,500の1地形図の使用を中心として　62
3. ワンポイント巡検の観察ポイントと指導内容　63
4. ワンポイント巡検に対する参加学生の反応
　 ──2,500の1地形図の使用を中心として　72
5. おわりに　73

目次　vii

コラム４　現在も生きている文京区の旧地名 ……………………………………　78

第５章　台地と谷に着目した市街地でのワンポイント的巡検
──文京区内でのワンポイント巡検の応用による実践 …………　81

1. ワンポイント的巡検のテーマ・目標と事前学習　81
2. ワンポイント的巡検のコースと地図
   ──10,000 の１地形図の使用を中心として　82
3. ワンポイント的巡検の観察ポイントと指導内容　84
4. ワンポイント的巡検に対する参加学生の反応　92
5. おわりに　93

コラム５　文京区内の集合住宅の名前・チラシから見えてくること ………　97

第６章　台地と谷に着目した市街地での半日巡検
──文京区中部〜西部での実践 ……………………………………　101

1. 半日巡検のテーマ・視点と事前学習　101
2. 半日巡検のコースと地図
   ──10,000 の１地形図の使用を中心として　103
3. 半日巡検の観察ポイントと指導内容　105
4. 半日巡検に対する参加学生の反応　119
5. おわりに　120

コラム６　旗本屋敷の跡地が高等教育機関に利用されるまで
　　　　　──東洋大学白山キャンパスを事例として ……………………………　125

第7章　自然環境と人間生活との関係に着目した市街地での
　　　　半日巡検 ——文京区南西部〜豊島区南部での実践 ………… 129

　1．半日巡検のテーマ・視点と事前学習　129
　2．半日巡検のコースと地図
　　　——10,000 の 1 地形図の使用を中心として　130
　3．半日巡検の観察ポイントと指導内容　132
　4．半日巡検に対する参加学生の反応　150
　5．おわりに　151

コラム7　豊島区に存在する「鉄道忌避伝説」を考える ……………… 157

第8章　近世末期・明治期以降の地域変容に着目した市街地での
　　　　半日巡検 ——豊島区東部〜北区南東部での実践 …………… 161

　1．半日巡検のテーマ・視点と事前学習　161
　2．半日巡検のコースと地図
　　　——10,000 の 1 地形図の使用を中心として　162
　3．半日巡検の観察ポイントと指導内容　165
　4．半日巡検に対する参加学生の反応　179
　5．おわりに　181

あとがき　185

第1部
教育現場における地理教育巡検の実態

第1章　大学における地理教育巡検の実態と課題
——非教員養成系の大学を中心として

1.　はじめに

　「はしがき」で記したが，大学は教員志望の学生が地理教育巡検を経験することが可能な最後の機会になっている[1]。それゆえ，大学における地理教育巡検の実施は，教員志望の学生が実際に教員になり，地理教育巡検を実施することになったときに役立つと考える。

　本章では，従来の研究を整理しながら，大学における地理教育巡検の実態と課題について明らかにする。さらに，大学の現場での実施率が低い状況を打開するための改善策について取り上げる。

2.　大学における地理教育巡検等の実態

　大学における地理教育巡検等[2]の実践は，専門科目・教職科目・教養系科目の「地理学」（自然地理学的分野，人文地理学的分野，地誌学的分野）の授業や，教科教育法（「社会科教育法」，「地理歴史科教育法」など）の授業のなかですすめられてきた。地理教育巡検等の内容は，担当教員の裁量に委ねられているため，専門科目の「地理学」の授業であっても，地理教育（学）的な視点を取り入れることも可能である。逆に「社会科教育法」の授業であっても，地理学的な視点を取り入れることも可能である。したがって，これらの内容が地理学的であるか，あるいは地理教育（学）的であるかについて，厳密に区分することは困難である。

学生の専攻分野から，地理教育巡検等を大きく分類・枠組みをすると，①地理学を専攻している学生を指導，②地理学を専攻している学生・専攻していない学生の両方を指導，③地理学を専攻していない学生を指導，の3つになる（表1-1）。

前述①は，専門科目「地理学」の授業が該当する。とくに，地理学教室（地理学科など）がある大学では，「野外実習」の授業が開講されることもあり，膨大な蓄積の成果がある[3]。その一例として，松井（1990）は，立正大学地理学教室における「野外実習」の授業として，三重県上野市（現伊賀市の一部）での実践事例をもとに，教室での事前指導，現地での指導，レポートの作成などについて考察している。「野外実習」以外の「地理学」の授業では，地域調査（フィールドワーク学習を含む）に基づくレポートが課題として出されることもある。地理学教室の有無に関係なく，地理学を専門とする教員は，ゼミ単位での「野外実習」にも積極的に取り組み，その成果をゼミの報告書にまとめ

表1-1　大学における地理教育巡検等の分類・枠組み

	①地理学を専攻している学生を指導	②地理学を専攻している学生・専攻していない学生の両方を指導	③地理学を専攻していない学生を指導
専門科目「地理学」			該当なし
教科教育法（「社会科教育法」，「地理歴史科教育法」など）			
教職科目「地理学」			
教養系科目「地理学」			

注（1）地理学を専攻している学生：(a) 地理学教室（地理学科）などに所属。(b) 地理学教室がない場合でも，地理学を専門とする教員のゼミに所属。
　（2）地理学を専攻していない学生：上記の (a)，(b) に該当せず。ただし，ゼミの所属の段階で，(a) または (b) に該当するケースあり。

（中牧　崇作成）

ている[4]。

　前述②は，教科教育法の授業での実践の内容が目立つ。教員養成系の大学[5]の場合，井田・藤﨑・吉田（1992）は，上越教育大学における「社会科教材研究」の授業（一授業時間 75 分）で，大学の周りの農業地域での実践事例を取り上げている。教室での事前指導，現地での観察（学生が自由に歩き回るスタイル），現地での事後指導を行っている。大人数の授業であるため，巡検は 2 回に分けて実施した。参加学生はいずれも約 90 名であった。西脇（1997）は，横浜国立大学における「社会科教育概論」（1 年生対象）の授業で，横浜市（神奈川区・西区・中区の一部）での実践事例を取り上げている。年度当初に実施したもので，オリエンテーリングによる学生の作業学習も組み入れている。任意参加であり，「社会科教育概論」の授業日に全日費やしたが，例年の参加学生は受講者の 3 分の 2 程度（約 30 名）であった。山口（2012）は，群馬大学における「地歴科指導法」の授業で，大学周辺でのワンポイント的巡検[6]を計 4 地域で実施した。この巡検は小学校・中学校・高等学校の一授業時間 45 〜 50 分とおおむね同じであり，学生の模擬体験（巡検指導体験）のスタイルをとっていることに特徴がある。篠原（1997）は，香川大学における「社会科教育法」の授業で，香川県仲多度郡琴南町（現まんのう町の一部）の山村（阿讃山地の中熊上集落）での実践事例を取り上げている。中人数の授業であるため，巡検は 2 回に分けて授業のない土曜日に実施した。参加学生はいずれも約 30 名であった。さらに，篠原（1998）は，香川大学における「初等社会科教育法」の授業で，愛媛県伊予三島市（現四国中央市の一部）の農村での実践事例を取り上げている。大人数の授業であるため，巡検は数回に分けて授業のない夏休みに実施した。参加学生はいずれも約 30 名であった。

　前述②で，非教員養成系の大学[7]の場合，辰己（2007）は，近畿大学における「社会科教育法」の授業で，地域調査の時間を設け，夏休み前の事前指導，夏休みを利用した現地調査とそのまとめ，夏休みの調査の発表などについて考察している。学生の調査地域は，教育実習を行う中学校・高等学校の学区である。「社会科調査法」は通年授業であることから，地形図を用いた地図学習，調査の手順，レポートの作成方法などに充てる時間の確保が可能である。また，

國原（2017）は，名古屋学院大学における「社会科・地理歴史科教育法」の授業で，フィールドワークを取り入れた名古屋市熱田区での防災学習の事例を通して，教員主導型巡検を組み込んだ授業過程と生徒主導型の調査活動を組み込んだ授業過程を比較しながら，GIS（地理情報システム）を活用した授業改善の方法について論じた。このほか，前述②には，深見（2008）のように，教養系科目「地理学」の授業の一環として，鹿児島大学のキャンパス内での実践事例がある。

前述③で，教職科目「地理学」の授業では，主に非教員養成系の公立大学・私立大学での実践がある。著者は，東洋大学白山キャンパスにおける教職科目「地理学」の授業の一環として，白山キャンパスの周りを中心に実践を続けてきた（第3〜8章参照）。過去の実践のなかには，地理学を専攻している学生（社会学部所属，地理学の教員のゼミに所属）の参加もあった。この場合，前述②に含めることも可能である。

3. 大学における地理教育巡検の課題

本章では，地理教育巡検の課題について，非教員養成系の公立大学，著者の実践と関係がある私立大学を事例として，大学で地理学を専攻しない学生（前述②と③に該当）に着目しながら取り上げる。

（1）教科教育法の授業に関わる課題

教員養成系の大学の場合，国立大学における「社会科教育法」や「地理歴史科教育法」などの授業には，地理学・地理教育（学）の教員も入っている。したがって，地理学を専攻していない学生であっても，これらの授業で地理教育巡検の内容を学ぶ機会はある。しかし，非教員養成系の公立大学・私立大学における「社会科教育法」や「地理歴史科教育法」などの授業では，著者が知る限り，地理学・地理教育（学）の教員が担当するケースよりも，歴史学・歴史教育（学）の教員が担当するケースが多い。前者のケースでは，辰己（2007）

のように，授業で地理教育巡検の内容あるいは地理教育巡検に準じた内容を扱うことが可能である[8]。後者のケースでは，授業で地理教育（学）的な内容が扱われることはあっても，地理教育巡検の内容を扱うことがきわめて少ない状況にある。したがって，「社会科教育法」や「地理歴史科教育法」などの授業では，地理教育巡検の内容を学んでいない学生が多いと考えられる。このような課題に対処するためには，教員養成系の国立大学と同様，非教員養成系の公立大学・私立大学でも「社会科教育法」や「地理歴史科教育法」などの授業は，地理学・地理教育(学)の教員プロパーが一人でも多く担当することが望ましい。例えば，「地理歴史科教育法」の授業を地理学・地理教育（学）の教員と歴史学・歴史教育（学）の教員で分担することも一案である。

（2）教職科目「地理学」の授業に関わる課題

　第3章（1）で述べたように，非教員養成系の公立大学・私立大学の「社会科教育法」や「地理歴史科教育法」などの授業では，地理教育巡検の内容を学んでいない学生が多いと考えられる。したがって，地理教育巡検の内容は，教職科目「地理学」の授業で対応しなければならないが，課題もある。

　大学のカリキュラムの改定により，通年開講（4単位）であった授業の多くが半期開講（2単位）に変更された。これは教職課程「地理学」の授業にも大きな影響をもたらした。大学のなかには，前期開講(2単位)と後期開講(2単位)のダブル履修（実質的には通年開講）により，授業回数を維持しているケースもあるが,多くの大学では,前期開講（2単位）または後期開講（2単位）になってしまい，授業回数が半分に減少した。そのため，篠原（1998）のように，夏休みに地理教育巡検を実施することが不可能になった。また，「地理学」の授業スケジュールを作成する段階で，地理教育巡検の内容を確保することが困難になってきた。仮に半期開講の授業のなかで内容を確保しても，「地理学」の授業の履修者が多くなると，担当教員が履修者を引率するスタイルの地理教育巡検を一度に実施することが不可能である[9]。このような状況に対処するためには，井田・藤﨑・吉田（1992）の実践事例のように，大学の周りを学生が自由に歩き回るスタイルの地理教育巡検や,山口（2012）の実践事例のように，

大学の周りで学生が模擬体験を得られるスタイルの地理教育巡検を取り入れることも有効であろう。なお，今井（2016）は，高等学校における実践事例として，ウォークラリーのスタイルの地理教育巡検を報告している。このスタイルは大学周辺で実施するうえで参考になることから，著者は今後の実践のなかに採り入れたいと考えている。

　地理教育巡検の内容との連動において，地形図を用いた地図学習は事前学習で重要であるが，高等学校で地理の授業を履修しなかった学生にも配慮して，入門的な内容から教えなければならない。また，読図作業の事例として大学の周りを取り上げることは，「身近な地域」を理解するうえでも重要であるが，「地理学」の授業の履修者が大人数になると，教員の指導が行き届かないことや，地理教育巡検の実施では，大学の周りでの安全の確保（自動車の通行量が多い道路の場合，歩道が整備されていることが重要）などの問題がある。

4．大学等における地理教育巡検の改善策

　本節では，第3節を踏まえたうえで，地理教育巡検の改善策について取り上げる。さらに本節では，大学での授業にとどまらず，現職教員を対象とした研修（大学等）のあり方についても言及したい。

（1）地理教育巡検に関わる科目の設置

　2011年8月に日本学術会議の高校地理歴史科教育に関する分科会は，教員の教科専門力（ここでは「地理の専門力」）の強化をはかるため，「教科に関する科目」または「教科又は教職に関する科目」の枠組を利用した地理学関連の科目の設置を提言した（日本学術会議2011）。そのうち，「教科又は教職に関する科目」には，調査実習の修得をはかった「地理学実習（地域調査を含む）」が挙げられている。著者はこの提案を加味し，「地理学実習（地域調査を含む）」のなかに，地理教育巡検の内容を積極的に取り入れることを提案したい。なぜならば，学生時代に地理教育巡検等の経験が一度もなかった状態で，教育現場

で地理の授業を担当する教員が地理教育巡検の意義を認めていながら，実際にはどのように指導していけばよいかわからないケースが多いと考えられるからである。仮に「地理学実習（地域調査を含む）」の授業が開講された場合，この授業の履修者が多くなると，地理教育巡検を一度に実施するのが不可能になることを銘記しておきたい[10]。また，この授業が室内だけで終わってしまわないようにしたい。とくに，「地域調査」と称していながら，文献（インターネットを含む）調査だけで済ませてしまうことがないようにしたい。さらに，カリキュラム構成との関連では，教科教育法および教職科目「地理学」の授業の内容との整合性も課題といえる。

（2）学生を対象とした地理教育巡検の実施

第3節（2）で述べたように，非教員養成系の公立大学・私立大学では，地理教育巡検を教職科目「地理学」の授業で実施することが困難であるため，現時点では，任意参加のスタイルをとり，大学の授業のない日（主に日曜日）を中心に実施せざるを得ない。「はしがき」にも記したが，著者の経験を踏まえると，「地理学」の授業が半期開講であるため，複数回の実施は物理的に困難である。なお，著者の任意参加の地理教育巡検のうち，少数の事象に絞って行うワンポイント巡検では，学生が卒業後に中学校社会科・高等学校地理歴史科の教員になり，授業のなかで地理教育巡検を実施する事態になったことを踏まえて，「地理学」の実際の授業時間（90分）を想定して，所要時間を85分，集合・解散地点とも大学にしている（第3章と第4章を参照）。いっぽう，複数のポイントを提示している半日の巡検では，文京区の多様な地域的特色を理解してもらうため，白山界隈以外の文京区（と隣接する区の一部）にも範囲を広げている。したがって，基本的に集合・解散地点は大学にしていない（第6～8章を参照）。また，任意参加の地理教育巡検に参加した学生，参加しなかった学生を問わず，「地理学」の授業では地域調査（フィールドワークを含む）に基づくレポートの提出を実施している。

（3）現職教員を対象とした地理教育巡検の実施

　教員養成系の大学，非教員養成系の大学を問わず，教員免許更新のための小学校・中学校・高等学校現職教員を対象とした研修が実施されている。宮本（2008）は，地理の担当教員を対象とした研修のなかに，「野外調査」を加えることの教育的意義を考察した。教員免許制度における地理教育の講座は室内で実施されることが多いが，野外での講座として，地理教育巡検を主体とした「野外調査」が実施されることを望みたい[11]。教員免許更新のための研修会場が大学であることを踏まえると，地理教育巡検は大学の周りで実施されることが適切であろう。地理教育巡検の設定時間は大学によって異なるであろうが，授業のなかで地理教育巡検を実施する事態になったことを踏まえると，地理の授業時間（一授業時間 45 〜 50 分）を想定したワンポイント巡検の導入も有効であろう[12]。これにより，授業時間数の不足などの時間的な制約を少なくすることが可能である。なお，現職教員を対象とした研修は，早くから教育委員会が実施しているが，ここでも，地理教育巡検が実施されることを望みたい。

　このほか，全国地理教育学会，千葉県高等学校教育研究会，国士舘大学や日本大学の地理学教室などでは，現職教員を対象とした巡検・研修を実施していて，このような取り組みの重要性については，牛込（2008）が考察している。また，人文地理学会では，地理教育研究部会が「地理教育夏季研修会」のなかで巡検を実施している。なお，全国地理教育学会では，巡検委員会が主に東京 50km 圏内の地域を中心に「地理教育基礎巡検」を年 1 〜 2 回実施している。「地理教育基礎巡検」は，本稿で取り上げている地理教育巡検をより効果的に実施できるようにするための基礎的研究として行っている巡検で，「地理教育用基礎巡検」とも称すべき性格を持つものといえる[13]。同学会の巡検委員会の委員である著者の活動経験を振り返ると，「地理教育基礎巡検」は，大学で地理学を専攻しなかった現職教員が巡検の方法などを学ぶうえで参考になるだけでなく，大学で地理学を専攻した現職教員が地域を理解するための視点を再考するうえでも参考になると考えている。

5. おわりに

　本章では，学生の専攻分野から，大学における地理教育巡検等を大きく分類・枠組みをすることにより，地理教育巡検の実態について明らかにした。次に，非教員養成系の大学を事例として，地理学を専攻しない学生に着目しながら，教科教育法および教職科目「地理学」の授業との関わりのなかで，地理教育巡検の課題について明らかにした。そして，大学等における地理教育巡検の改善策については，地理教育巡検に関わる科目の設置の必要性，学生だけでなく，現職教員を対象とした地理教育巡検の実施の必要性にも言及した。

　教員志望の学生が実際に教員になってから，あるいは現職教員が研修で学んでから，子どもたちに地理教育巡検を体験させてあげることを可能にするうえで，大学の果たす役割は非常に大きいといえる。

付記
　本章は，「大学における地理教育巡検の実態と課題―非教員養成系の大学を中心として―」．地理教育研究, 第11号（2012年10月）をもとに加筆・修正したものである。

注
(1) 大学卒業後，ただちに大学院に進学した場合，大学院が地理教育巡検を経験できる最後の機会になり得る。
(2) 実践のなかには，必ずしも地理教育を主体としていないものを含むことから，第2節では「地理教育巡検等」として扱う。
(3) 「野外実習」の成果は，レポートや報告書としてまとめることが義務づけられている。成果の一端は，地理学教室の学会誌に掲載されることもある。関東地方の一例では，「学芸地理」（東京学芸大学地理学分野，現在まで掲載），近畿地方の一例では，「立命館地理学」（立命館大学地理学教室，1994年まで掲載）がある。
(4) 夏休みの「ゼミ合宿」での実践が典型的なケースであろう。
(5) 一般的に，国立・公立・私立に関係なく，卒業までに教員免許の取得が義務づけられている大学等（学部・学科を含む）をさす。
(6) 「ワンポイント巡検」については，「はしがき」を参照。山口（2012）は実践の所要時間に際して，出発地（大学の門）から解散地（大学の門）までは50分程

度であるが，教室から教室までは 70 分以上かかることから，「ワンポイント的巡検」としている。

(7) 一般的に，国立・公立・私立に関係なく，卒業までに教員免許の取得が義務づけられていない大学等（学部・学科を含む）をさす。

(8) 関東地方の大学の一例として，池（2018）が早稲田大学における「地理歴史科教育法1」の授業のなかで，2回程度大学の周りで実施している「エクスカーション」が，地理教育巡検に準じた内容であると考えられる。

(9) 著者の東洋大学白山キャンパスのすぐ西部における地理教育巡検（ワンポイント巡検）での実践（第4章を参照）に基づくと，参加学生が 21 名以上になると，サポート役の学生または院生（地理教育巡検の内容を把握している）が必要になる。また，徒歩移動の速度に個人差が出やすい（最前列と最後尾の距離が広がりやすい）ため，案内者の指導が行き届きにくくなる事態が生じてくる。

(10) 前掲（9）を参照。

(11) 次期学習指導要領では，2022 年度から高等学校で「地理総合」が新設必履修科目となるため，地理と歴史のバランスの取れた学習が可能になる。「地理総合」では GIS の活用が重要な柱のひとつになっているが，加藤（2015）によると，愛媛県内における高等学校の教員（地歴公民科）のうち，授業で GIS ソフトを利用したことのある教員は 20%にすぎず，全国の傾向と同じであった。このようなことを踏まえると，教員免許更新の研修において，地理教育の講座では GIS（入門から実践まで）の内容のウエイトが大きくなることが予想される。しかし，GIS の講座に時間を取り過ぎて，野外での講座が軽視されないようにするための工夫（例：GIS の講座と野外での講座をリンクさせる）ことが，研修担当の大学教員に求められるであろう。

(12) 教員免許更新の研修は夏休みに実施されるため，地理教育巡検の実施では野外を歩いて移動するにあたり，暑さ対策がきわめて重要である。

(13) 第1回（2007 年 11 月実施）から第7回（2010 年5月実施）までは，「地理教育巡検」と称してきたが，本章でも取り上げた地理教育巡検との混同をさけるため，第8回（2011 年6月実施）から「地理教育基礎巡検」に改めた。詳細は全国地理教育学会のホームページの「巡検案内」http://www.jageoedu.jp/library1.html を参照。

参考文献

池　俊介（2018）：教員養成における地域調査の意義と指導実践，碓井照子編『「地理総合」ではじまる地理教育―持続可能な社会づくりをめざして―』，古今書院，pp.121-132.

井田仁康・藤﨑顕孝・吉田　剛（1992）：初等教員養成学部における身近な地域の野外調査に関する指導―上越教育大学の場合―．新地理，40-2，pp.36-48.

今井英文（2016）：高校地理ウォークラリー巡検の実践と評価―アクティブ・ラーニングを取り入れた巡検学習―．社会科教育，53-10，pp.82-85.

牛込裕樹（2008）：地理教育におけるフィールドワーク．地理誌叢，50-1，pp.157-163.

加藤伸弥（2015）：愛媛県における高等学校地理教育でのGIS活用の実態．日本地理学会発表要旨集，88，pp.54.

國原幸一朗（2017）：フィールドワークを取り入れた「社会科・地理歴史科教育法」の授業の改善と工夫―GIS（地理情報システム）の導入―．名古屋学院大学論集（人文・自然科学篇），54-1，pp.23-46.

篠原重則（1997）：教員養成学部における微細調査の野外調査の意義―香川大学教育学部の事例―．香川大学教育実践研究，28，pp.27-49.

篠原重則（1998）：環境教育における野外調査の意義―香川大学教育学部の事例―．香川大学教育実践研究，29，pp.33-54.

辰己　勝（2007）：社会科教育法における「地域調査」の実践について．近畿大学教職教育学部紀要，18-2，pp.39-49.

西脇保幸（1997）：教員養成過程における社会科野外学習の指導法について―観察を主体とした巡検の実践を例に―．横浜国立大学教育学部教育実践研究指導センター紀要，13，pp.115-127.

日本学術会議 心理学・教育学委員会・史学委員会・地域研究委員会合同 高校地理歴史科教育に関する分科会（2011）：『提言 新しい高校地理・歴史教育の創造―グローバル化に対応した時空間認識の育成― 平成23年（2011年）8月3日』.

深見　聡（2008）：大学共通教育科目における地理教育の意義―「鹿大キャンパス探検」を事例に―．地理教育研究，2，pp.20-27.

松井秀郎（1990）：地理教育と野外実習―三重県上野市を事例として―．立正大学文学部論叢，92，pp.1-19.

松岡路秀（2010）：地理教育における巡検学習論の構築とワンポイント巡検の提唱．

地理教育研究, 7, pp.1-7.

宮本静子（2008）：身近な地域」の学習における野外調査の課題．地理教育研究, 1, pp.90-94.

山口幸男（2012）：教員養成学部の社会科指導法等の科目におけるフィールドワーク，巡検の実践，松岡路秀・今井英文・山口幸男・横山　満・中牧　崇・西木敏夫・寺尾隆雄編『巡検学習・フィールドワーク学習の理論と実践—地理教育におけるワンポイント巡検のすすめ—』，古今書院, pp.234-242.

コラム1　10,000分の1地形図が発行されなくなって
　　　　　困ったこと

　著者が実践を続けている地理教育巡検のうち，半日巡検では明治期から現在までの地域の変容を理解するために，新旧の地形図を中心とした地図を活用しています。「過去を知る」ことを認識するうえで，国土地理院（旧陸地測量部，旧地理調査所）の10,000分の1地形図はとてもありがたい存在です。10,000分の1地形図は，大都市とその周辺，主要都市（大半が県庁所在地）の範囲しか扱っていませんが，10,000分の1地形図がカバーしている範囲のなかから，市街地の密集が著しい地域で25,000分の1地形図（2013年図式の多色刷）を使用すると，等高線が確認しにくい，従来の「総描建物」が一軒々々表現されていても，小さすぎるのか，つぶれた感じになっている，といった事態に直面します。これらは，野外での現実空間との対比をやや困難にさせているといっても過言ではないでしょう。

　縮尺が10,000分の1であるために，地理教育巡検での対象地域が狭くても，複数枚の地形図を使用すること，例えば地形図Aが西端で，地形図Bが東端になることもあります。しかし，複数枚の利用であっても，測量あるいは修正時期はおおむね同じですので，使用にあたっての支障はありません。また，複数枚の地形図を使用して，ほぼ同じ時期の異なる地域を比較・考察することもできます。しかし，本コラムのタイトルにありますように，国土地理院は2000年代後半に10,000分の1地形図の発行をやめてしまいました。そのため，著者が地理教育巡検で使用している「現在の地形図」（「池袋」，「上野」，「新宿」，「日本橋」）はいずれも1998年修正です。本書で取り上げた2010〜2015年の実践の時点では，12〜17年前の修正になることから，「現在」の地形図といっても，ずいぶん年数が経過しています。1998年修正の地形図を旧版地形図として活用しながら，「現在の地形図」を作成時期の新しい地形図に切り替えるにはどのようにすればよいのか，著者なりに考えてみました。

1つめは，国土地理院の地理院地図の利用です。ホームページ https://maps.gsi.go.jp/ を開くと，カラーの日本地図が出ます。左下（南西）端の＋（拡大）をクリックし続けることで，大縮尺に近づけます。左下端にはスケールバーがあるのですが，小さいように感じます。縮尺の表示がどこにもないのは残念です。したがって，画面上の地図表現をみながら，縮尺が10,000分の1に近いと考えられるところに目星をつけます。マウスでポインタを動かして，自分が利用したい画面を選べるのはありがたいのですが，ホームページでは建物の色がオレンジで濃すぎるのか，等高線が分かりにくくなっています（等高線がこげ茶（黄土色？）になっていることもあるでしょう）。そのため，台地や谷などの地形の起伏・広がりを標高といっしょに理解することが非常に困難です。選択した画面は保存が可能です（著者はWordのスクリーンショットを利用しました）。そのファイルからA4サイズでカラー印刷をしました。100m表示のスケールバーの長さは0.75cm（をほんのわずか越す程度）でした（図コラム1-1）。印刷した地図を133％に拡大コピーすれば，バーの長さが1cm（縮尺を10,000分の1）になります。しかし，カラーコピーでも，等高線が分かりにくいことに変わりはありません。

図コラム1-1　2017年3月にダウンロードした地理院地図（白山キャンパスの周り，縮小）
スケールは南西端に小さく（遠慮がちに？）示されている。縮小したことや建物が密集していることを考慮しても，非常にわかりにくい。

2つめは，東京都縮尺2,500分の1地形図あるいは国土基本図（都市部は2,500分の1，村落部は5,000分の1）の利用です。両方とも白黒印刷になっていますが，大縮尺ですので，地図表現は分かりやすくなっています。著者は，東京都縮尺2,500分の1地形図を白山キャンパスから西方向のワンポイント巡検の実践で使用しましたところ，参加学生に好評でした（第4章参照）。しかし，この地形図が整備されはじめたのは1970年代前半です。なお，国土基本図が整備されはじめたのは1950年代以降です。したがって，高度経済成長期から現在までの地域の変容を理解するためには，東京都縮尺2,500分の1地形図あるいは国土基本図の利用が適していますが，昭和戦前，さらに明治期までにさかのぼった場合，10,000分の1地形図の利用が必要になってきます。ワンポイント巡検のように対象地域が狭い場合，縮尺による地図表現の精粗に十分気をつけながら，10,000分の1地形図＋東京都縮尺2,500分の1地形図，10,000分の1地形図＋国土基本図を併用することがよさそうです。しかし，10,000分の1地形図に合わせようとして，2,500分の1地形図を25%に縮小することは，地図記号や文字などが小さくなりすぎてしまいます。2,500分の1地形図は折りたたむ必要がある大きさになっても，原寸（100%）のままでいくのが無難かもしれません。

さて，2013年から地域の変容に応じて，即座に更新される地形図として，国土地理院から「電子地形図25000」が販売されるようになりました。くわしい内容は「ようこそ電子地形図へ—電子地形図25000（オンデマンド版）オンライン」http://dkgd.gsi.go.jp/dkgx/page1.htm に記されています。電子地形図は必要な部分を選ぶことができるうえ，建物の色をオレンジ・グレー・ピンク・赤から，等高線の色を茶色（褐色）・こげ茶・緑・ピンクから選ぶこともできますが，ホームページのタイトルからも明らかなように，現時点では2万5千分の1しか扱っていません。現在の国土地理院の技術を踏まえると，「電子地形図10000」の作成も可能であるように思います。近い将来，「電子地形図10000」も販売してほしいと願うのは著者だけでしょうか？

第2章　中学校・高等学校における地図学習と巡検学習・フィールドワーク学習の実態に関する考察
——大学生へのアンケート調査をもとに

1. はじめに

　著者が地理教育巡検の実践を続けていくなかで最も気になっていたのは，参加学生の大半が中学生・高校生のときに巡検学習・フィールドワーク学習を体験していなかったことである。このような状況は，地理教育巡検の参加・不参加に関係なく，教職科目「地理学」を履修している学生全体に広く及んでいるのではないかと考えたことが，アンケート調査の実施に至った理由である。

　学生を対象としたアンケート調査に基づく研究・報告では，清水（2003），辰己（2005），中牧（2005）が高等学校における地理の履修状況や学習実態に関して考察した。しかし，巡検学習・フィールドワーク学習の実態には及んでいない。また，地理（社会科）担当教員へのアンケート調査に基づく研究では，宮本（2009）が中学校における野外調査（フィールドワーク学習）の実態に関して，安孫子・石坂・小林・宮地（2005）が中学校・高等学校における野外調査の実態に関してそれぞれ考察したが，学生を対象としたアンケート調査と比較すると，回答数が少なくならざるを得ない。

　本章では，教職科目「地理学」の 2014 年度の前期授業（1 部：人文地理学 A，2 部：地誌学 A）を履修している学生 182 名（文学部，経済学部，経営学部，法学部，社会学部に所属）に 2014 年 4 月に実施したアンケート調査[(1)]をもとに，中学校・高等学校における地図学習と巡検学習・フィールドワーク学習の実態に関して考察する。アンケート調査の主な質問内容は，次の通りである。

　①高等学校における地理の履修状況について

　②中学校・高等学校における地理の授業の概況について（授業の好き嫌い，

授業で印象に残っている内容）

③中学校・高等学校における地図学習（地形図学習を含む）の実施状況について
いて

④中学校・高等学校における巡検学習・フィールドワーク学習の実施状況について
ついて

なお，質問内容に地図学習を加えたのは，巡検学習・フィールドワーク学習
を実施するうえで地図学習は必要不可欠だからである。

2. 地理の授業の概況

（1）中学校の場合

ここでは，表 2-1 をもとに明らかにする。

地理の授業の好き嫌いは大きく分かれるものの，「好きだった」の回答が 86
名（47.3％）で，「嫌いだった」の 67 名（36.8％）を上回っていた。授業の好
き嫌いが反映されやすいものとして考えられるのが，授業の内容である。

そこで，地理の授業で印象に残っている内容を質問してみたところ，「地図
学習についての内容」の回答が 44 名と最も多かった（表の囲み文字）。そのうち，
22 名が地形図学習を回答していた。これは，地形図を含む地図学習を体験し
た学生の割合が高かったこと（第 3 節（1）を参照）を反映したものといえる。
地図学習をメインとしたものではないが，「地図（帳）を活用した授業につい
ての内容」の回答が 8 名であった（表の囲み文字）。これは，外国や日本の地
誌学習で地図帳を利用する機会が多かったためと考えられる。しかし，「巡検
学習・フィールドワーク学習についての内容」の回答が 4 名と少なかった（表
のアンダーライン）。これは，巡検学習・フィールドワーク学習を体験した学
生の割合が少なかったこと（第 4 節を参照）を反映したものといえる。また，「身
近な地域の調査についての内容」の回答が 4 名であったが，いずれも文献調査
によるものであり，巡検学習・フィールドワーク学習の体験には及んでいない。
なお，「調べ学習についての内容」の 7 名の回答も文献調査によるものである。

第2章　中学校・高等学校における地図学習と巡検学習・フィールドワーク学習の実態に関する考察　21

表 2-1　中学校における地理の授業の概況

A.　地理の授業の好き嫌い（182 名が対象）
・好きだった（86 名［47.3%]）　・嫌いだった（67 名［36.8%]）
・好きでも嫌いでもなかった（17 名［9.3%]）
・内容により好き嫌いがあった（3 名［1.6%]）　・無回答（9 名［4.9%]）

B.　地理の授業で印象に残っている内容（132 名が回答，複数回答を含む）
・地図学習についての内容 (1)（44 名）　・地名学習についての内容（21 名）
・地名学習についての内容（17 名）　・気候についての内容（12 名）
・地図（帳）を活用した授業についての内容（8 名）　・特産物についての内容（7 名）
・調べ学習についての内容 (2)（7 名）　・アングロアメリカについての内容（5 名）
・巡検学習・フィールドワーク学習についての内容（4 名）
・身近な地域の調査についての内容（4 名）　・異なる地域の比較についての内容（4 名）
・自然環境と生活・文化についての内容（4 名）　・映像を活用した授業についての内容（3 名）
・大陸についての内容 (3)（2 名）・アジアについての内容（2 名）
・関東地方についての内容（2 名）　・漁業についての内容（2 名）
・人口についての内容（2 名）　・地球環境問題についての内容（2 名）
（回答が 1 名しかない場合は省略）

注（1）主な回答は，地形図学習が 22 名，時差を求める計算が 11 名，地図の作成が 4 名，
　　　　地図投影法が 3 名，地球儀の活用が 2 名，日付変更線が 2 名であった。
　　（2）「身近な地域の調査についての内容」と無関係。
　　（3）「地形についての内容」なのか地誌学習なのかは不明。

（2）高等学校の場合

　ここでは，表 2-2 をもとに明らかにする。

　地理の授業の履修状況では，「履修した」が 70 名（38.5%），「履修しなかった」が 107 名（58.8%），「覚えていない」が 1 名（0.5%），「無回答」が 4 名（2.2%）であった。地理の履修率が 40%未満であるとはいえ，その数値は関西圏の大学（文系学部）よりも上回っている (2)。地理の授業の好き嫌いは「好きだった」の回答が 39 名（55.7%）で，「嫌いだった」の 18 名（25.7%）を上回っていた。中学校と比較すると「好きだった」の割合が高くなるのは，地理が好きだったこと，地理が得意であったこと，地理に興味・関心があったことなどによる。

　ここでも，地理の授業で印象に残っている内容を質問してみたところ，「地図学習についての内容」の回答が 6 名であった（表の囲み文字）。これは，中学校ではじめて地形図学習や時差を求める計算などを行ったこと（中学校と高

表 2-2　高等学校における地理の授業の概況

A. 地理の授業の好き嫌い（70名が対象）
・好きだった（39名［55.7%］）　・嫌いだった（18名［25.7%］）
・好きでも嫌いでもなかった（5名［7..1%］）
・内容により好き嫌いがあった（1名［1.4%］）　・無回答（7名［10.0%］）

B. 地理の授業で印象に残っている内容（52名が回答，複数回答を含む）
・気候についての内容（11名）　・地名学習についての内容（8名）
・地図学習についての内容 (1)（6名）　・地形についての内容（4名）
・自然環境と生活・文化についての内容（4名）　・異なる地域の比較についての内容（3名）
・地誌全般についての内容（2名）　・農業についての内容（2名）
・宗教についての内容（2名）　・映像を活用した授業についての内容（2名）
・インドについての内容（2名）　・地図帳を活用した授業についての内容（1名）
・巡検学習・フィールドワーク学習についての内容（1名）
（回答が1名しかない場合，原則として省略）

注（1）主な回答は，地形図学習が2名，時差を求める計算が2名であった。

等学校では難易度が異なるが），地形図学習を含む地図学習を体験した学生の割合が中学校より低くなること（第3節を参照）が大きく関係していると考えられる。また，「地図帳を活用した授業についての内容」の回答が1名と少なかった（表の囲み文字）。これらは，地理の授業では地図帳を利用するのが当たり前という認識が生じたためと考えられる。さらに，「巡検学習・フィールドワーク学習についての内容」の回答が1名だけであった（表のアンダーライン）。これは，地理の授業の履修率が40%未満であったことと関係して，巡検学習・フィールドワーク学習を体験した学生の割合が少なかったこと（第4節を参照）を反映したものといえる。

3. 地図学習の実態

（1）中学校の場合

　ここでは，表 2-3 ～ 5 をもとに明らかにする。

　地理の授業で地図学習をしたか質問してみたところ，「学習した」の回答が150名（82.4%）であった。そのうち，133名（88.7%）が地形図学習も体験し

第2章　中学校・高等学校における地図学習と巡検学習・フィールドワーク学習の実態に関する考察　23

表 2-3　中学校における地図学習・地形図学習の実施状況（地理の授業の場合）

A．地図学習をしたか（182 名が対象）
・学習した（150 名［82.4%］）　・学習しなかった（4 名［2.2%］）
・覚えていない（28 名［15.4%］）
B．地形図学習をしたか（Aで「学習した」を回答した150 名が対象）
・学習した（133 名［88.7%］）　・学習しなかった（4 名［2.7%］）
・覚えていない（11 名［7.3%］）　・無回答（2 名［1.3%］）

表 2-4　中学校における地理の授業の地図学習の具体例

A．地形図学習に該当するもの（18 名）
・地図記号，等高線，縮尺を学習したこと（11 名）
・地図記号をたくさん覚えたこと（5 名）
・地図の縮尺から実際の距離を計算したこと（2 名）
B．地形図学習も含む内容と考えられるもの（4 名）
・地図から地域を読み取ったこと（3 名）
・実際に学校の付近を歩いて地図記号をつけながら，地図を自作したこと（1 名）
C．地図の作成に該当するもの（2 名）
・地元の地形についての調査を行い，地図を自作したこと（1 名）
・世界地図を作成し，世界の国々と首都の位置，それらの特徴について学んだこと（1 名）
D．地図（帳）を活用した授業に該当するもの（4 名）
・世界地図を利用して，日本と外国を比較したこと（1 名）
・世界の国と日本の県の位置を覚えて，白地図を使った小テストを受けたこと（1 名）
・地図帳を使うのに慣れるため，毎回授業の最初に地名探しゲームを生徒全員で行ったこと（1 名）
・地図帳をみながら，人口の多い地域と少ない地域のちがいについて発表したこと（1 名）
E．地図投影法に該当するもの（3 名）
・複数の図法を比較して覚えたこと（3 名）
F．地球儀の活用に該当するもの（1 名）
・地球儀にテープを巻きつけて，地域間の距離を測ったこと（1 名）
G．時差を求める計算に該当するもの（1 名）
・計算が難しかったこと（1 名）

注　表 2-1 のBで「地図学習についての内容」と「地図（帳）を活用した授業についての内容」
　　を回答した 52 名が対象であるが，具体例に関する内容の記述が全くないものは示して
　　いない。

ていた（表 2-3）。したがって，地図学習を体験しなかった学生はごくわずか

であるといえる。第 2 節（1）の表 2-1 で，「地図学習についての内容」を回答

表 2-5　中学校における地理の授業の好き嫌いと地図学習との関係

A．地理の授業が好きだった理由に，地図に対するプラス評価の内容が記入（21名）

・地図（帳）をみることが好きだったから（10名）
・地図（帳）をみることが楽しかったから（5名）
・地図をみることで，いろいろな地域に興味・関心をもつようになったから（2名）
・地図を読み取ることが好きだったから（2名）
・地図記号を覚えることが楽しかったから（1名）
・最初は時差の計算がわからなかったが，先生が練習問題をいくつも用意してくれて，それができるようになってうれしかったから（1名）

B．地理の授業が好きだった理由に，地図に対するマイナス評価の内容も記入（1名）

・地図を読み取ることは苦手であったが，その土地について学ぶことが好きであったから（1名）

C．地理の授業が嫌いだった理由に，地図に対するマイナス評価の内容が記入（9名）

・地図（帳）を使用して場所などを覚えることが苦手であったから（2名）
・地図を読み取ることが嫌いであったから（1名）
・地図を読み取ることが苦手であったから（1名）
・地図記号のところが苦手であったから（1名）
・地形図の等高線についての問題が苦手であったから（1名）
・時差や縮尺の細かい計算ができなかったから（1名）
・時差の学習で，地理の授業に対してよい印象をもてなくなったから（1名）
・緯度・経度がよくわからなかったから（1名）

D．地理の授業が好きでも嫌いでもなかった理由に，地図に対するプラス・マイナス評価の内容が記入（1名）

・教科書を読むことや，地図をみることは好きであったが，学問になると苦手であったから（1名）

E．地理の授業が好きでも嫌いでもなかった理由に，地図に対するマイナス評価の内容が記入（1名）

・地図をみることが苦手であったから（1名）

F．地理の授業が内容により好き嫌いがあった理由に，地図に対するマイナス評価の内容も記入（1名）

・人口，民族，宗教のところは好きであったが，時差や気候のところがあまり好きでなかったうえ，地図をみることが苦手であったから（1名）

G．地理の授業で内容により好き嫌いがあったか不明で，地図に対するマイナス評価の内容が記入（1名）

・地図から探し出すような作業が大変であったから（1名）

した44名と「地図（帳）を活用した授業についての内容」を回答した8名の計52名を対象に，地理の授業の地図学習の具体例（表2-4）をみると，「地形図学習に該当するもの」が18名で最も多く，「地形図学習を含む内容と考えら

れるもの」が4名であった。これらの回答から，地図記号・等高線・縮尺・読図などの地形図学習の入門・基本的内容は重視されていたと考えられるが，「地図の作成に該当するもの」とあわせても，巡検学習・フィールドワーク学習の内容と連動していた回答（表のアンダーライン）は2名と少なかった。

第2節（1）の表2-1の「地理の授業の好き嫌い」の理由のなかに，地図学習の内容がどの程度含まれているか，両者の関係をみたのが表2-5である。地図をみることに対する評価は，地理の授業が好きだった理由に結びつく傾向が強い。これは，地図に対するプラス評価である。中学生の授業だけでなく，小学生時代に学校や家庭などで地図に親しむ機会が多かったことも関係していると考えられる。いっぽう，地図を読み取ることに対する評価，地図記号に対する評価は，地理の授業が好きだった理由あるいは嫌いだった理由でみられた。これは，地図に対するプラス評価あるいはマイナス評価である。なお，学生の大半が地形図学習を体験していたことをふまえると，「地図をみる」や「地図を読み取る」の「地図」には，地形図も含まれていると考えられる。

（2）高等学校の場合
①地理を履修していた学生の場合

ここでは，表2-6〜8をもとに明らかにする。

地理の授業で地図学習をしたか質問してみたところ，「学習した」の回答が44名（62.9%）であった。そのうち，30名（68.2%）が地形図学習も体験していた（表2-6）。高等学校で地形図を含む地図学習を体験した学生の割合が低下する主な理由として，地理担当教員が「生徒は中学校の段階で地図学習を体験していた」，「大学入試で地理を受験科目に使用する文系の生徒が少ない」ことを前提に授業をすすめていたためと考えられる。第2節（2）の表2-2で，「地図学習についての内容」を回答した6名と「地図帳を活用した授業についての内容」を回答した1名の計7名のうち，地理の授業の地図学習の具体例（表2-7）を記したものは3名（「地形図学習に該当するもの」が2名，「地図帳を活用した授業に該当するもの」が1名）と少なかったうえ，巡検学習・フィールドワーク学習の内容と連動していたのは皆無であった。

26

表 2-6　高等学校における地図学習・地形図学習の実施状況（地理の授業の場合）

A．地図学習をしたか（70 名が対象）
・学習した（44 名［62.9%]）　・学習しなかった（8 名［11.4%]）
・覚えていない（12 名［17.1%]）　・無回答（6 名［8.6%]）
B．地形図学習をしたか（Aで「学習した」を回答した 44 名が対象）
・学習した（30 名［68.2%]）　・学習しなかった（7 名［15.9%]）
・覚えていない（7 名［15.9%]）

表 2-7　高等学校における地理の授業の地図学習の具体例

A．地形図学習に該当するもの（2 名）
・等高線を使った地形図の読み取りがゲームのようでおもしろかったこと（1 名）
・夏休みの課題で地図学習（千葉市の土地利用を色分けする作業）をしたこと（1 名）
D．地図帳を活用した授業に該当するもの（1 名）
・地図帳を利用して，ヨーロッパを学習したこと（1 名）

注　表 2-2 のBで「地図学習についての内容」と「地図帳を活用した授業についての内容」を回答した 7 名が対象であるが，具体例に関する内容の記述が全くないものは示していない。

表 2-8　高等学校における地理の授業の好き嫌いと地図学習との関係

A．地理の授業が好きだった理由に，地図に対するプラス評価の内容が記入（3 名）
・地図が好きだったから [1]（2 名）
・先生が地図についていろいろな話をしてくれたのがおもしろかったから（1 名）
G．地理の授業で内容により好き嫌いがあったか不明で，地図に対するマイナス評価の内容が記入（1 名）
・地図から探し出すような作業が大変であったから（1 名）

注（1）地図をみることなのか，地図を読み取ることなのかは不明。

　第 2 節（2）の表 2-2 の「地理の授業の好き嫌い」の理由のなかに，地図学習の内容がどの程度含まれているか，両者の関係をみたのが表 2-8 である。該当する学生が 4 名しかないものの，地図への興味・関心の高さは，地理の授業が好きだった理由に結びつくと考えて差し支えない。

②地理を履修しなかった学生の場合

　地理以外の授業で地図学習をしたか質問してみたところ，「学習した」の回

答は 11 名（10.3%），「学習しなかった」の回答が 55 名（51.4%）であった。「覚えていない」の回答が 21 名（19.6%），「無回答」が 20 名（18.7%）であったことが気になるが，地理を履修しなかった学生にとって，地理以外の授業では地図学習をしないのが当たり前という認識が生じたためと考えられる。「学習した」を回答した 11 名のうち，地図学習の具体例を記したのは 7 名であり，主に日本史や世界史の授業のなかでの活用であった。旧学習指導要領のもとで履修していたケースは 2 部の学生に少数みられるが，現学習指導要領で地歴連携の重要性が強調されているにもかかわらず，日本史・世界史の授業では地図学習が軽視されている傾向が強い。

4. 巡検学習・フィールドワーク学習の実態

　ここでは，表 2-9 〜 10 をもとに明らかにする。

　中学校・高等学校で巡検学習・フィールドワーク学習と体験していたのは 15 名（8.2%）にすぎなかった。「覚えていない」の回答が 42 名（23.1%）であったことが気になるが，これは，校外に出ても巡検学習・フィールドワーク学習といえる内容であったか判然としなかったためと考えられる（表 2-9）。そうはいっても，巡検学習・フィールドワークの実施率は，中学校・高等学校で地形図学習を含む地図学習を体験していた学生の割合と比較すると著しく低い。

　巡検学習・フィールドワーク学習の具体例（表 2-9）は，中学校での実践が中心であり，地理の授業のほか，学校行事や総合学習などでみられた。しかし，地形図を含む地図学習がどの程度巡検学習・フィールドワーク学習に反映されていたのか判然としないものが含まれていた。また，具体例を今井（2010）に基づき分類すると，観察・見学・計測・聞き取りなどになる。地理での具体例は観察と聞き取りが目立つ。しかし，見学のなかには，施設内での学習にとどまり，地形図を含む地図学習と連動していないものが含まれていた。もし，施設内の学習（施設の担当者が説明する方式）だけで，巡検学習・フィールドワーク学習が十分と考える教員がいたとするならば，教員が巡検学習・フィールド

28

表 2-9 中学校・高等学校における巡検学習・フィールドワーク学習の実施状況と具体例

A．巡検学習・フィールドワーク学習をしたか（182 名が対象）

・学習した（15 名［8.2%］）　・学習しなかった（124 名［68.1%］）

・覚えていない（42 名［23.1%］）　・無回答（1 名［0.5%］）

B．巡検学習・フィールドワークの具体例（Aで「学習した」を回答 15 名が対象）

(ア) 中学校での具体例

・1 年生で地学巡検を兼ねて大涌谷（神奈川県箱根町）に，移動教室で赤城山（群馬県）に行った。移動教室では等高線の読み取りから，登山ルートを決定した [(1)]。

　……【学校行事】，その他

　（中学校の地理の授業では，地形図を含む地図学習の体験あり）

・1 年生で学校周辺の散策を 5 〜 6 回実施した。……【地理】，観察が中心と考えられる

　（中学校の地理の授業では，地形図を含む地図学習の体験あり）

・1 年生では地元の地図を作成するために，2 回フィールドワーク学習をした（主に地形の規模を確認）。地図は市販のものを利用した。2 年生では地元の名産を調べるため，フィールドワーク学習をした。……【地理】，観察と聞き取りが中心と考えられる

　（中学校の地理の授業では，地形図を含む地図学習の体験あり）

・2 年生で 1 回実施した。校区内の神社，寺，海岸などの説明を地元の人がしてくれた。

　……【地理】，観察と聞き取りが中心と考えられる

　（中学校の地理の授業では，地形図を含む地図学習の体験あり）

・2 年生のとき，1 日を使って地元をグループでめぐり，その土地の特徴（地形など）を調べてまとめた。……【地理】，観察が中心と考えられる

　（中学校の地理の授業では，地形図を含む地図学習の体験あり）

・2 年生では消防署の見学（業務内容の説明，訓練体験など），工場の見学（何の工場だったか覚えていない）が 1 回ずつあった。……【総合学習】，見学

　（中学校の地理の授業では，地形図を含む地図学習の体験あり）

・1 回実施した。野外で移動したルートなど，地図上の距離を測定した。

　……【地理】，計測

　（中学校の地理の授業では，地形図を含む地図学習の体験あり）

・実際に学校の付近を歩いて地図記号をつけながら，地図を自作した。……【地理】，観察

　（中学校の地理の授業では，地形図を含む地図学習の体験あり）

・学校の所在地の埼玉県川口市から川越市まで電車を利用した校外学習で，路線図と目的地までの地図を作成し，それらを活用した。修学旅行では奈良から京都へ移動するとき，路線図などの地図を利用した。京都市内で目的地まで移動するとき，観光マップなどの地図を使って計画を立て，それに基づいて行動した（巡検学習・フィールドワーク学習といえるかどうかわかりませんが）。……【学校行事】，その他

　（中学校の地理の授業では，地形図を含む地図学習の体験あり）

(イ) 高等学校での具体例

　・1 年生で 1 回実施した。巡検（街並みなどの見学）で埼玉県川越市に行った。……【地理】，

　見学（観察も含まれていると考えられる）

　（中学校・高等学校の地理の授業とも，地形図を含む地図学習の体験あり）

・1 年生で身近な地域の台地と低地の境界を調べに行った。

……【地理】, 見学 (観察も含まれていると考えられる)
　　(中学校・高等学校の地理の授業とも, 地形図を含む地図学習の体験あり)
・1年生のとき, 地層の見学を1回実施した。
　　……【地学】, 見学 (観察も含まれていると考えられる)
　　(中学校の地理の授業では, 地図学習の体験あり［地形図学習を体験したか覚えていない］
　　／高等学校の地理の授業は未履修)
・1年生のとき, 郡山自然の家 (2) に行った。自然の家の敷地にある地形や植物, 自然の家
　を含めた地域の変遷について学習した。……【学校行事】, その他
　　(中学校の地理の授業では, 地形図を含む地図学習の体験あり／高等学校での地理の授業
　　は未履修［世界史の授業で地図学習の体験あり］)
(ウ) 中学校, 高等学校のどちらか不明であるケースの具体例
・東京都内や横浜市内などで, 計7回巡検があった。……【地理】, その他
　　(中学校の地理の授業では, 地図学習の体験なし／高等学校の地理の授業では地図学習の
　　体験あり［地形図学習の体験なし］)
注 (1) 出身中学校が同じ2名が回答。
　　(2) 所在地が福島県郡山市なのか, 奈良県大和郡山市なのかは不明。

表 2-10　中学校における地理の授業の好き嫌いと巡検学習・フィールドワーク学習との関係

A. 地理の授業が好きだった理由に, 巡検学習・フィールドワーク学習があったことに対するプラス評価の内容を記入（2名）
・フィールドワークが好きで, その土地の歴史などを見て, 聞いて, 学ぶことができたから（1名）
・先生が行う授業が一方的なものでなく, 映像, グループワーク, フィールドワークを取り入れていたため, 地図（帳）をみることが楽しかったから（1名）
B. 地理の授業が嫌いだった理由に, 巡検学習・フィールドワーク学習がなかったことに対するマイナス評価の内容を記入（1名）
・フィールドワークのような体験学習がなく, 単に暗記ばかりの学習であったから（1名）

ワークの技能を高めていくことを怠ってしまうだけでなく, 教員が子どもたち
に地域の特色を見聞し, 検討させていく機会を奪い取ってしまうことになりか
ねない。
　第3節でも取り上げたように, 地形図を含む地図学習が行われていても, そ
れを巡検学習・フィールドワーク学習の実態に活かそうとする社会科（地理）
担当の教員は少ない。高等学校では地理の履修率の減少とも相まって, 巡検学
習・フィールドワーク学習が実施されないケースがいっそう顕著になっている

といっても過言ではない。

　第2節（1）の表2-1の「（中学校における）地理の授業の好き嫌い」の理由のなかに，巡検学習・フィールドワーク学習の内容がどの程度含まれているか，両者の関係をみたのが表2-10である。該当する学生が3名しかないものの，巡検学習・フィールドワーク学習に対するマイナス評価はない[3]。なお，第2節（2）の表2-2の「（高等学校における）地理の授業の好き嫌い」の理由のなかに，巡検学習・フィールドワーク学習の内容は全く含まれていなかった。これは，すでに記したように，高等学校における巡検学習・フィールドワーク学習の具体例がきわめて少なかったためである。

5. おわりに

　本章では，教職科目「地理学」の2014年度の前期授業を履修している学生へのアンケート調査をもとに，中学校・高等学校における地図学習と巡検学習・フィールドワーク学習の実態に関して考察を行った。これらをまとめると，以下のようになる。

①中学校・高等学校における地理の授業で印象に残っている内容のうち，「地図学習についての内容」や「巡検学習・フィールドワーク学習」を回答した学生の割合は，高等学校になると大きく低下する。また，中学校・高等学校とも，「地図学習についての内容」に対して，「巡検学習・フィールドワーク学習についての内容」を回答した学生の数が大きく減少する。

②地理の授業で地形図を含む地図学習を体験した学生の割合は，高等学校になると低下する。授業で印象に残っている内容をもとに，地図学習の具体例をみると，地形図学習の入門的・基本的内容は重視されていたと考えられるが，巡検学習・フィールドワーク学習と連動していたケースが少なかった。

③とくに中学校では，地図を読み取ることに対する評価，地図記号に対する評価が，地理の授業が好きだった理由あるいは嫌いだった理由につながり

やすい。

④高等学校で地理を履修しなかった学生のうち，日本史や世界史の授業などで地図学習の体験があったのは10％強にすぎず，地歴連携の重要性が指摘されている現学習指導要領のもとでも，地理以外の授業では地図学習が軽視されている傾向が強い。

⑤中学校・高等学校で巡検学習・フィールドワーク学習を体験した学生は10％に満たず，とくに高等学校で体験した学生はきわめて少ない。その具体例をみると，地理の授業をはじめ，学校行事や総合学習などで，観察・見学・計測・聞き取りのスタイルで実施されていたが，地図学習と連動していないものが含まれていた。

⑥該当する学生が少なかったものの，地理の授業のなかで，巡検学習・フィールドワーク学習に対するマイナス評価はない。

巡検学習・フィールドワーク学習の観点からみると，地理学習と有機的に結合させながら実施していくことが，地理の学習効果をより向上させるうえでも重要である。しかし，松岡（2010）が指摘しているように，学校現場のさまざまな事情が巡検学習・フィールドワーク学習の実施を阻んでいる現実がある。それを打開するうえで，ワンポイント巡検を採り入れることは重要である。大学における教職科目「地理学」の授業では，大半の学生が中学校・高等学校の地理の授業で巡検学習・フィールドワーク学習を経験していなかったことを踏まえたうえで，著者はワンポイント巡検を含む地理教育巡検の実践を続けていきたいと考えている。

付記

本章は，2014年10月の全国地理教育学会第8回大会（於：大阪商業大学）で発表した内容をもとに加筆・修正したものである。

注

(1) 2014年4月にアンケート用紙を配付し，2014年5月上旬（ゴールデンウィーク明け直後）までに回収した。本章では，教員免許状の取得を目的としない履修の学生65名のデータを原則として除く。

(2) 著者が 2004 年 4 月に複数の大学で実施したアンケートでは，318 名のうち，131 名（41.2%）が地理を履修の授業を履修していた（中牧 2005）。複数の大学との比較であることを考慮しても，高等学校における地理の履修率は年々低下傾向にあるといえる。また，辰己（2013）は著書のあとがきのなかで，「高等学校で地理を履修していない学生が 7 割を超え，学習していても地理 A を 2 単位で学んだだけという現実に直面する」と記している。

(3) 教員免許状の取得を目的としない履修の学生（1 名）は，中学校での地理の授業は嫌いであったが，班ごとで計画を立てて実施した巡検は楽しかったことを記していた。

参考文献

安孫子知広・石坂克己・小林正人・宮地忠幸（2005）：地理教員アンケートからみた地理教育の現状と課題．地理誌叢，46（2），pp.2-27.

今井英文（2010）：学習指導要領におけるフィールドワーク学習の扱いの変遷―高等学校と中学校の場合―．地理教育研究，7，pp.8-14.

清水靖夫（2004）：世界の形．地図情報，23（2），p.2.

辰己　勝（2005）：高等学校で地理を履修したか？―大学での受講生のアンケートから―．地理，50（7），pp.42-47.

辰己　勝（2013）：『図説 世界の自然環境』，古今書院．131p.

中牧　崇（2005）：高等学校における地理の学習実態に関する考察―大学での受講生のアンケートから―，地域研究，46（1），pp.80-87.

松岡路秀（2010）：地理教育巡検における巡検学習論の構築とワンポイント巡検の提唱．地理教育研究，7，pp.1-7.

宮本静子（2009）：中学校社会科地理的分野における「身近な地域」に関する教員の意識．新地理，57（3），pp.1-13.

コラム2 「所変わらなくても品変わる」

　旅行などで外出したとき，複数の地域をみると，それぞれの地域にちがいがあることに気づきます。ことわざでは「所変われば品変わる」が該当するでしょう。「所変われば品変わる」は，地理を学ぶうえで重要です。ところで，コラム2のタイトルは何を意味しているのでしょうか？それは同じ観察地点であっても，時間の概念に注目することにより，地域の姿は異なってくることです。本コラムでは，4つ取り上げてみます。

　1つめは，昔と現在のちがいです。「昔」にはさまざまな意味がありますが，本コラムでは「十年一昔」の四字熟語から「10年以上前」とします。例えば，観察ポイントが建物の高層化が著しい大通りとします。そこが高度経済成長期にはどのようになっていたか，古い地図とあわせて，古い写真（絵ハガキを含む）を活用することにより，地域の変容についての理解が深まりやすくなります。地方自治体などが出版する郷土図書には古い写真が掲載されています。また，自宅や実家で所蔵している古い写真から「お宝」が見つかるかもしれません。観察ポイントでは，古い写真と同じ撮影地点・アングルで観察することが望ましいのですが，それが現在では不可能であれば，別の地点・アングルから観察することもやむを得ません。逆に，古い写真の撮影地点が現在ではどこの地点にあたるのか探るのもよいでしょう。新旧の比較を通して，何が消失し，何が残存しているかを読み取ることは，地域の変容の背景に目を向けるうえで重要です（写真コラム2-1, 2）。

　2つめは，季節のちがいです。公園や緑地，市街地から離れた山地や丘陵地における樹木や花の生育状況はもちろん，色彩も全く異なります。サクラの樹木も冬季には寒々しさに加えて，荒涼な感じがしますが，春季の開花の頃には暖かくなり，華やかな感じがします。後者の場合，花見客でにぎやかさも加わります。また，農地では農産物の種類によりさまざまでしょうが，冬季は土（厳

写真コラム 2-1　1962 年 9 月の白山上交差点（池田 信：『1960 年代の東京—路面電車が走る水の都の記憶—』，毎日新聞社，2008 から転載）
都電 2 系統（東洋大学前〜三田間）の白山上停留場（路面電車が停車している地点）のすぐ近くである。

写真コラム 2-2　2017 年 4 月の白山上交差点（中牧撮影）
1967 年に廃止された都電 2 系統にかわって，1968 年から道路の下を都営地下鉄三田線が通るようになった（交差点そばに白山駅がある）。交差点の形状は変わらないが，正面の建物の高層化が目を引く。

寒期には雪）が一面に広がっていますが，なお，関東地方北部の二毛作が行われている農地の場合，5 月下旬には農地の麦が黄金色に変わりつつあります（麦の収穫は翌月です）。7 月上旬にはこの農地にすでに水が引かれているだけでなく，田植えが終わっています。緑色の小さな稲の苗が植えられています。まるで，水のなかに苗が浮かんでいるようです。同じ農地で，季節の一部をみるだけでも，大きなちがいがあることに気がつきます。

3 つめは，曜日のちがいです。昨日（月曜日）が晴天で，空の色が青く澄んでいて，市街地から離れた山地や丘陵地が見えていたのが，一転して，今日（火曜日）は曇りで，空の色が灰色っぽくなり，山地や丘陵地がまったく見えなくなると，同じ観察地点でも，別の観察地点にいるような感じがします。天気予報で明日（水曜日）は雨となっています（雨の降りかたしだいでは，観察どころでありません）。また，日曜日に商店街を歩くと，シャッターが閉まった店舗（主

に個人商店)が多くみられることから，即座にそこを「シャッター通り」と決めつけるのは早計です。なぜなら，この日に営業していない店舗が多いからです。シャッターをみると，「日曜休業」が記してあるか，シャッターに「本日定休日」の札や貼り紙があることに注意したいものです（営業しているのかどうか判然としない店舗もありますが）。翌日（月曜日）に再び商店街を歩くと，シャッターが閉まった店舗は少なく，買物客の姿があちこちにみられます。店先から鰻を焼く香ばしい匂いがしてきました。昼食でのれんをくぐる勤め人の姿も多くなります。

4つめは，時間帯（時刻）のちがいです。都市部の駅の場合，朝は通勤・通学客を中心に混雑します。駅前広場では路線バス，タクシー，送迎車の往来もさかんです。近くの駐輪場は自転車やバイクであふれかえります。駅の出入口を通勤・通学客が無言のまま徒歩で歩いて移動するようすをみると，慌ただしい感じが伝わってきます。それが一転して，日中は混雑しません。路線バス，タクシー，送迎車の往来も少なくなります。駅の出入口を買物客などが徒歩で移動するようすをみると，落ち着いた感じが伝わってきます。また，小学校・中学校・高等学校のうち，全校の児童・生徒数が多い学校の場合，朝の登校時間帯の校門は子どもたちの姿が途切れません。登校時間を過ぎると，校門は扉が閉ざされ，ひっそりした感じになります。しばらくすると，校庭のほうから元気な声が聞こえてきました。体育の時間のクラスがあるのでしょう。

観察するとき，とくに2〜4つめでは，「(季節による)色彩」，「音」，「匂い」などの五感にも注意を払うことが重要です。それにより，地域の理解はより豊かなものになるでしょう。

＊本コラムは，中牧　崇・清水幸男（2012）：巡検における観察の視点について—全国地理教育学会の巡検をもとに—，松岡路秀・今井英文・山口幸男・横山　満・中牧　崇・西木敏夫・寺尾隆雄編『巡検学習・フィールドワーク学習の理論と実践—地理教育におけるワンポイント巡検のすすめ—』古今書院，pp.42-50. の内容の一部に加筆・修正を行ったものです。

第2部
ワンポイント(的)巡検・半日巡検による実践

巡検対象地域（第 3 〜 8 章）の概要

　巡検対象地域は文京区が中心であるが，隣接する新宿区・豊島区・北区の一部を含む（図巡検概要 -1）。この地域のイメージは，関東地方の平坦な地形が広がる，建物の密集度が高く，高層化が著しい，人や電車・自動車が頻繁に行き交い，騒々しい，緑（樹木）が少ないなどメソスケール，さらにはマクロスケールで捉えられやすい。しかし，ミクロスケールで捉えると，前述のイメージと全く異なる地域がところどころで存在する。

　巡検対象地域は山手台地（武蔵野台地の東部）のうち，上野台地，本郷台地，白山台地，小石川台地，小日向台地，目白台地，雑司が谷台地，池袋台地で構成される。台地のなかに谷が刻み込まれているため，起伏に富んだ地形になっ

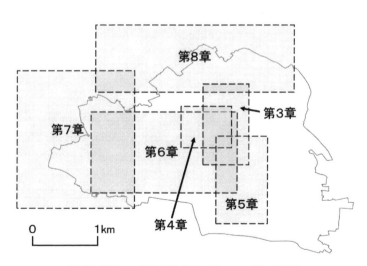

図巡検概要 -1　巡検対象地域（第 3 〜 8 章）の範囲
各章は地形図によるおおよその範囲である。

ている。それは，後述する市街地の形成（坂道の命名も含む）にも大きな影響を与えている。谷の多くは，河川が長い年月をかけて台地を侵食したことにより形成された開析谷である。開析谷をつくりあげた立役者の河川は，大規模な都市開発の進行，生活様式の変化などにより，ほとんどといっていいほど消失した。また，崖や谷に多く存在した湧水は枯渇したため，現在では意識して観察しなければ見つけることが困難になった。

巡検対象地域の大半は，近世当時，市街地のなかに含まれていた。これは，1603（慶長8）年に徳川家康が江戸に幕府を開いたことにより，江戸城から半径約6kmの範囲に市街地（城下町）がつくられたためである。白山キャンパスのすぐ周りの場合，近世には武家屋敷に加えて，大名屋敷（主に大名下屋敷）と寺院が多く立地していた。大名屋敷は土地面積が大きかったこともあり，明治期以降は，大学・官用地・高級住宅地などに転用された。いっぽう，巡検対象地域の一部は，明治期まで市街地からはずれた農村であった。そのひとつが，豊島区池袋界隈（池袋駅のすぐ周り）である。池袋界隈は1923（大正12）年の関東大震災以後，急速に市街地化がすすんだ。これは，被害が甚大であった東京・下町低地からの人口流入が多かったためであるが，震災以前に池袋駅が鉄道ターミナルになっていたように，交通の利便性にすぐれていたことも見逃せない。

交通の利便性にすぐれていることは，もちろん現在も当てはまる。とくに，巡検対象地域では，池袋界隈だけでなく，鉄道駅に近く，かつ自動車の往来が多い幹線道路（路線バスの停留所がある）沿いを中心に，早いところでは1980年代に10階前後の建物が次々に建つようになった。すべての階が事業所になっているケースもあるが，「都心回帰」の反映として，下の階が店舗・事業所，上の階が集合住宅になっているケースもある。一方，幹線道路をはずれると，一転して閑静な住宅地域になる。そこでの住宅は2階建ての一戸建てが卓越する。また，日当たりがよい台地の上につくられた一戸建ては，日当たりがよくない開析谷のなかにつくられた一戸建てと比較すると，土地・建物とも大きい傾向にある。

巡検対象地域では，樹木が幹線道路の街路樹，神社や寺院の境内だけでな

く，公園・庭園・植物園の台地の上や崖の斜面にみられる。とくに，近世に大名屋敷であった歴史をもつ公園・庭園・植物園は，土地面積が比較的大きいこともあり，樹木が生い茂るところも多い。それゆえ，園内にたたずんでいると，大都会にいることを忘れてしまいそうな感じになる（写真巡検概要-1）。

以上のように，巡検対象地域をミクロスケールで捉えることが重要である。そこから現地を歩き（ときには立ち止まり），観察していくことは，身近な地域の再発見につなげるうえで重要である。

写真巡検概要-1　小石川植物園内のスギ・ヒノキ林（2016年5月撮影）
近世の一時期には館林（たてばやし）藩大名下屋敷だった（第6章を参照）。

参考文献

東京学芸大学地理学会編（1982）：『東京百科事典』，国土地理協会，755p.

文京区教育委員会（1990）：『文京のあゆみ―その歴史と文化―』，文京区教育委員会，352p.

正井泰夫（1987）：『城下町東京―江戸との東京の対話―』，原書房，217p.

松田磐余（2013）：『対話で学ぶ江戸東京・横浜の地形』，之潮，318p.

第3章　台地と谷に着目した市街地での
ワンポイント巡検（その1）
——東洋大学白山キャンパスのすぐ東部での実践

1. ワンポイント巡検のテーマ・目標と事前学習

　本章では，教職科目「地理学」の後期の授業（1部：人文地理学B，2部：地理学B・地誌学B^[(1)]）を履修している学生を対象に，台地と谷に着目した市街地でのワンポイント巡検として，東洋大学白山キャンパスのすぐ東部，文京区白山・本駒込・向丘での実践（2011年11月20日［日曜日］）の内容を取り上げる。

　ワンポイント巡検のテーマは，「文京区白山界隈における市街地の特色—台地と開析谷^[(2)]に着目して—」である。都営地下鉄三田線白山駅あるいは東京メトロ南北線本駒込駅～白山キャンパス間を通学で行き来する学生は，キャンパスが白山界隈の市街地のなかに位置し，そのすぐ周りには坂道があることを認識しているが，学生の多くは白山界隈における市街地の特色を十分認識していないと思われる。そこで，その特色をつくりだすうえで，台地と開析谷が重要な役割をもっていることを理解してほしいと考え，テーマの副題に加えた。

　ワンポイント巡検の目標は次の3点である。

（ア）市街地の特色をつくりだすうえで，台地と開析谷が重要な役割をもっていることを理解する。

（イ）台地上の市街地と開析谷の市街地を結びつける坂道の存在に注目する。

（ウ）台地と開析谷での比較，台地内での比較，開析谷内での比較をとおして，市街地の土地利用・景観のちがいを理解する。

　後期の授業では，「はしがき」で記した巡検実施前の授業での地図学習を割愛した。なぜならば，後期の授業の履修学生の大半が前期の授業（1部：人文

地理学 A，2 部：地理学 A・地誌学 A [3]）の履修学生であり，基本的に同じ内容を学生に授業で 2 回も教えることになるうえ，後期の通常の授業内容との整合性がとれないためである [4]。そこで，ワンポイント巡検の参加学生（計 14 名，文学部・経済学部・経営学部・社会学部・国際地域学部 [5]）には事前学習として，前期の授業の配布資料（地形図を扱った地図学習）で復習するように指示し，さらに，ワンポイント巡検の定義と意義について理解してもらうため，ワンポイント巡検の理論と実践の内容を扱った論文（松岡 2010，中里・松岡 2011）[6]を読んでおくように指示した。

2. ワンポイント巡検のコースと地図
——10,000 分の 1 地形図の使用を中心として

　ワンポイント巡検のコースは，白山キャンパス南門（集合）から正門（解散）までの約 2.5km の区間で，歩いて移動した。巡検では台地と開析谷にそれぞれ立地する商店街を観察ポイント（第 3 節を参照）としたため，白山上交差点を再び通る形になっている（図 3-1）。観察ポイントで立ち止まっての参加学生による地理的事象の観察，そこでの案内者（著者）の説明を加えると，所要時間は 85 分である（集合 10 時 15 分，解散 11 時 40 分）。これは実際の授業時間（一授業時間 90 分）を想定して，直前の授業終了の時間，集合・解散時の説明の時間，直前の授業開始の時間を考慮したことによる。なお，コースは観察ポイント①〜⑩（第 3 節を参照）とあわせて，10,000 分の 1 地形図「上野」の一部に示した（図 3-1）。

　10,000 分の 1 地形図「上野」は，1998 年修正を最後に更新・発行されなくなっているにもかかわらず，それを使用した理由は，この地形図は計曲線が 10m 間隔，主曲線が 2m 間隔となっているので，建物が密集した白山界隈であっても，台地と開析谷の具体的な形状や広がりが把握しやすいためである [7]。また，2011 年当時，多数の種類の地図を取り扱っている書店などには 10,000 分の 1 地形図の在庫がまだあり，それを購入することが比較的容易であったためであ

第 3 章 台地と谷に着目した市街地でのワンポイント巡検（その 1） 45

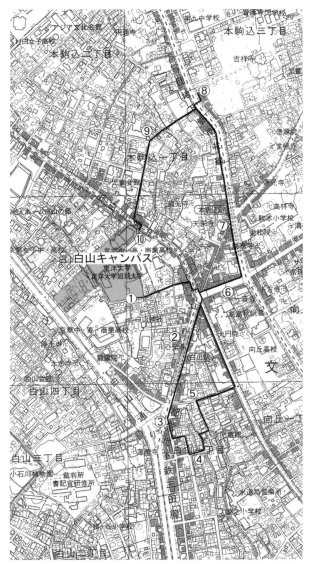

図 3-1 ワンポイント巡検のコース（10,000 分の 1 地形図「上野」（等倍），1998 年修正）
太線がコース，①〜⑩が観察ポイント（第 3 節参照）。白山キャンパスの範囲は 2011 年当時。

る。このほか，新旧の市街地における土地利用を比較するため，江戸切絵図 [8] (1857［安政4］年発行の「東都駒込辺切絵図」，1853［嘉永6］年発行の「小石川谷中本郷絵図」) も使用した。

3. ワンポイント巡検の観察ポイントと指導内容

(1) 東洋大学白山キャンパス南門 (白山五丁目，観察ポイント①)

観察ポイント①でのねらいは，台地と谷の地形のようすを観察させること，市街地における土地利用の変遷について注目させることである。

白山キャンパス南門 (標高 22m) は白山台地の東端にある。南門の前から東をみると，坂道があり，中央が指ヶ谷の開析谷 (標高 17m)，奥 (中山道) ［旧白山通り，国道 17 号］) が本郷台地の西端 (標高 21m) になっているように，起伏に富んだ地形を観察させた (写真 3-1)。また，坂の上からあるいは一戸建て住宅 (2 階建て) が階段状に並んでいるようすは，地形の起伏を確認する手がかりになり得ることを説明した。さらに，文京区教育委員会 (1990) から，かつて指ヶ谷の開析谷のなかには，東大下水が流れていたことも説明した。

写真 3-1 白山キャンパス南門の前から東をみる (2010 年 6 月撮影)
起伏に富んだ地形を観察しやすい。手前の高所 (南門の前) は白山台地，中央の低所は指ヶ谷の開析谷，奥の高所は本郷台地である。

白山キャンパス南門から比較的近い校地 (1～5 号館，井上円了ホール［井上は東洋大学の創立者］) のかなりの部分が，近世末期に土井主計の下屋敷 [9] であったことを「東都駒込辺切絵図」

第3章　台地と谷に着目した市街地でのワンポイント巡検（その1）　47

から確認させた。また，東洋大学創立百年史編纂委員会編（1993）から，白山キャンパスは哲学館時代の 1897（明治 30）年に東京市本郷区駒込蓬萊町（現文京区向丘）から移転してきたこと[10]を説明した。

（2）薬師坂（白山一丁目・五丁目，観察ポイント②）

　観察ポイント②でのねらいは，台地と谷の地形のようすを観察させること，その間にある急坂を体感させながら，市街地の景観を観察させること，坂名の由来を知ることである。

　薬師坂は,本郷台地の南端（標高 22m, 白山上交差点）から指ヶ谷の開析谷（標高 11m, 白山下交差点）までの区間にあり，起伏に富んだ地形を観察しやすい。坂名の由来は,白山上交差点のすぐ近くの妙清寺に薬師堂があることによる（文京ふるさと歴史館 2008）。なお,坂の途中に浄雲寺 (現心光寺) があることから，浄雲寺坂とも呼ばれる。

　薬師坂は旧白山通りの一部になっているうえ，都営地下鉄白山駅の出入口が白山上と白山下にそれぞれ設置されているように，交通の利便性にすぐれているため，10 階建て前後の建物（例：下の階は店舗・事業所，上の階は集合住宅）が目立つようすを観察させた。また，白山上交差点から白山下交差点を見下ろすことにより，さらに，白山駅の白山下出入口あるいは白山下交差点から白山上交差点の方向を振り返ることにより，起伏に富んだ地形を観察させた。

（3）白山下商店会（商店街）（白山一丁目，観察ポイント③）

　観察ポイント③でのねらいは，商店街名の由来を知るとともに，谷のなかにある商店街のようすを観察させることである。なお，巡検実施日は日曜日であるため，平日（東洋大生が登下校する日）のようすとは異なることに注意を促した。

　白山下商店会は，白山下交差点から指ヶ谷の開析谷を南へ，白山通りと並行して伸びる仲通りを中心に形成されている商店街であり，2011 年当時の加盟店は 42 であった（文京区商店街連合会 2011）。商店街名に「白山下」とあることから，台地の上からみると，標高が低い地域になる。平日の利用者は近隣

の住民が中心であるが、ワンポイント巡検で歩いた北部分は白山駅から近いため、勤め人や近くの学校に通う生徒・学生（東洋大生）の利用もやや目立つ[11]。また、旧白山通りと白山通りにも面している仲通りのすぐ西で、下の階は店舗、上の階は集合住宅といったように、建物の中・高層化が目立つようすを観察させた。

（4）白山下の路地と住宅地（白山一丁目，観察ポイント④）

観察ポイント④でのねらいは、谷での路地の構造、住宅地の景観を観察させることである。

路地は細く、迷路状になっているものの、直線状で構成されている傾向にあること、住宅地は低層（一戸建て住宅の場合、主に2階建て）が多く、土地・建物面積が比較的小さい傾向にあるようすを観察させた。指ヶ谷の開析谷は南へ伸びているが、本郷台地の崖（台地の上には住宅が建っている）と白山通り沿いの中・高層の建物の谷間になっているうえ、建物と建物の間が密集している状態になっていることから、陽当たりはよくないことに気づかせた（写真3-2）。そして、「小石川谷中本郷絵図」から、近世末期に路地の小区画には武家屋敷が立地していたこと、それが現在の路地と住宅地にも反映されていることを説明した。

写真3-2　白山下の路地と住宅地（2013年11月撮影）
白山通りの喧騒とは一転して閑静である。白山通りから離れた地点で撮影したため、この周りでは中・高層の建物がみえない。

（5）お七坂と円乗寺（白山一丁目，観察ポイント⑤）

観察ポイント⑤でのねらいは、台地と谷の地形のようすを観察させるこ

と，その間にある急坂を体感させること，坂名の由来を知ることである。

お七坂は，指ヶ谷の開析谷（標高 11m，白山下交差点）から本郷台地の西端（標高 21m，中山道［国道 17 号］との交差点）の途中までの区間にあり，起伏に富んだ地形を観察しやすい。なお，ワンポイント巡検では円乗寺の前から坂を上った。坂名の由来は，この寺に「八百屋お七[12]」の墓があることによる（文京ふるさと歴史館 2008）。境内では本郷台地の崖（台地の上には住宅が建っている）と薬師坂沿いの 10 階建て前後の高層化された建物の谷間になっているようすを観察させた（写真 3-3）。

＊お七坂を上ってから，白山上交差点まで中山道の平坦な区間を歩く。白山下交差点に近づくにつれて，10 階建て

写真 3-3 「八百屋お七」の墓がある円乗寺（2013 年 11 月撮影）
薬師坂沿いの 10 階建て前後の建物（西）と本郷台地の崖（東）に挟まれた形で，ひっそりと本堂が建っている。写真 3-2 と同様，陽当たりはよくない。

写真 3-4 白山上交差点（2010 年 6 月撮影）
写真左が中山道，写真右が旧白山通り（観察ポイント②がある）。

前後の建物が目立つようすを観察させた。また，白山上交差点では，中山道の平坦な区間を振り返るとともに，再び本郷台地から観察させ，観察ポイント②のねらいを再確認させた（写真 3-4）。

(6) 白山上向丘商店街振興組合(商店街)(向丘一丁目・本駒込一丁目ほか,観察ポイント⑥)

観察ポイント⑥でのねらいは,商店街名の由来を知るとともに,台地の上にある商店街のようすを観察させることである。観察ポイント③と同様,巡検実施日は日曜日であるため,平日のようすとは異なることに注意を促した。

白山上向丘商店街振興組合は本郷台地の西端に位置し,白山上交差点(標高22m)と向丘二丁目交差点(標高24m)の間を中心に形成されている商店街であり,2011年当時の加盟店は54であった(文京区商店街連合会2011)。

商店街名に「白山上」とあることから,開析谷のなかからみると,標高が高い地域になる。平日の利用者は近隣の住民が中心であるが,都営地下鉄三田線白山駅や東京メトロ南北線本駒込駅から近いため,勤め人や近くの学校に通う生徒・学生(東洋大生)の利用も多い[13]。また,10階建ての建物(例:下の階は店舗・事業所,上の階は集合住宅)もみられるようすを観察させた(写真3-5)。

坂道が多い文京区では,高齢者の買物サポートが重要な課題になっていた。そこで,この商店街で購入した商品を自宅(商店街から,おおむね半径1km以内)まで1回あたり50円で届けてくれるサービスが,2010年6月から区の委託事業としてはじまったことを説明した[14]。

＊本郷通りに出てから,東京メトロ南北線本駒込駅の出入口の前を通る。ここでも10階建て前後の建物がみられることを観察させた。

写真3-5 白山上向丘商店街振興組合(2010年6月撮影)
商店街が面している道路は中山道(旧白山通り)と本郷通りをつないでいることもあり,自動車の往来も多い。

(7) 駒込市場跡（本駒込一丁目，観察ポイント⑦）

　観察ポイント⑦での主なねらいは，この付近の歴史的背景について気づかせることである。

　近世の江戸の市街地で消費される農産物の多くは，近郊の農村でつくられたものであった。農民が農産物を江戸の市街地に持ち込むようになると，青果市場が相次いでつくられるようになった。そのひとつが駒込市場であり，天栄寺の門前など（現本駒込一丁目・三丁目，向丘二丁目）に形成された（図3-2）。この市場では土のついた農産物（例：駒込［現文京区北部］のナス，滝野川［現北区南部］のニンジンとゴボウ）を多く扱っていたことから，「駒込土物店」と呼ばれていた（文京区教育委員会1990，正井監修2003a）。

　天栄寺(本駒込一丁目)の境内には「駒込土物店縁起碑」が建っていて，1937（昭和12）年に市場が豊島区に移転される形で廃止に至るまでの経緯（第8章の観察ポイント④を参照）も記されていることに注意を促した。

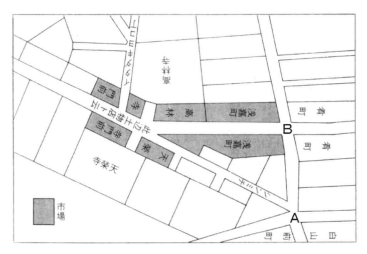

図3-2　近世の駒込市場の範囲（文京区教員委員会, [1990] に加筆）
原図は1854（嘉永7）年発行の駒込絵図であるため，方位・スケールが示されていない。現在，図中のAは白山下交差点，Bは向丘二丁目交差点になっていて，A～B間を中心に白山上向丘商店街振興組合（観察ポイント⑥を参照）が形成されている。

(8) 寺院集積地域の一部（本駒込一～三丁目，観察ポイント⑧）

観察ポイント⑧でのねらいは，同じ地域に寺院が集積しているようすを，台地の上の平坦な地形に着目しながら観察させることである。

近世の江戸の市街地において，寺院の多くは大名下屋敷とともに外側に集中して配置される傾向にあった。寺院は外から敵が攻めてきた場合に備えて，防御の機能ももっていた。その典型が江戸の市街地の北部（本駒込界隈）であった。ワンポイント巡検で歩く本郷通りは，江戸の市街地において平坦な区間が多く，北から外敵の攻撃を受けやすくなっていたため，この通りに沿って寺院が集積するようになったと考えられることについて説明した。なお，ワンポイント巡検では，本駒込の南部分の集積地域を観察させたうえで，コース上に位置する吉祥寺を中心に取り上げた[15]。

本郷通り沿いでは 10～15 階建ての集合住宅が目立つことから，寺院が集積していることを見落とさないように注意を促した。

(9) 本駒込の路地と住宅地（本駒込一丁目，観察ポイント⑨）

観察ポイント⑨でのねらいは，台地と谷での路地の構造，住宅地の景観を観察させることである。

写真 3-6　本駒込の路地と住宅地（2013 年 11 月撮影）
本郷通りと旧白山通りの喧騒とは一転して閑静である。奥に見える 10～15 階建ての集合住宅は，本郷通りに面して建っている。

路地は途中で折れ曲がっているが，直線状で構成されている傾向にあること，住宅地は低層（一戸建て住宅の場合，主に 2 階建て）が多く，土地・建物面積が比較的広い傾向にあるようすを観察させた。東部は標高 20m 弱の指ヶ谷の開析谷の最奥部，中部・西部は標高 20m 強の本郷台地である。いずれも本郷通りと旧白山通りの中・高層の建物の

第3章　台地と谷に着目した市街地でのワンポイント巡検（その1）　　53

谷間になっていないうえ，建物と建物の間が密集していない状態であることか
ら，陽当たりはよいことに気づかせた（写真3-6）。さらに，「東都駒込辺絵図」
から，近世末期にこの地域は土井大炊頭（おおいのかみ）の広大な大名下屋敷であったこと，近
代以降,（高級）住宅地に転用され,直線状の路地がつくられたことを説明した。
土地を複数の区画に分割して，建て替えた住宅もみられるが，観察ポイント④
の白山下の住宅地と比較すると，土地・建物面積は依然として大きい傾向にあ
るようすを観察させた。以上のように，近世と現代の土地利用の変遷に着目さ
せた。

＊指ヶ谷の開析谷の支谷へ向かって,短い下り坂を歩く。中山道（旧白山通り）
を東洋大前交差点で渡ると，白山キャンパス正門に到着する。

（10）東洋大学白山キャンパス正門（白山五丁目，観察ポイント⑩）

　観察ポイント⑩でのねらいは，台地と谷の地形のようすを観察させること，
市街地における土地利用の変遷について注目させることである。
　白山キャンパス正門（標高18m）は指ヶ谷の開析谷の支谷のなかにあり，中
山道（旧白山通り）に面している。そのため，観察ポイント①，⑨の中部・西
部よりも低くなっている。観察ポイント⑨の方向を振り返るともに，さらに白
山キャンパス内の建物の方向をみることにより,起伏に富んだ地形を観察させた。
　ここで再び「東都駒込辺絵図」から，正門から比較的近い校地（1～5号館,
井上円了ホールが建っている）は，近世末期に土井主計の大名下屋敷[16]など
であったこと（正井1987）を確認させた。

4.　ワンポイント巡検に対する参加学生の反応

　参加学生には，実施直後のアンケート（レポートと兼用）を課した。本節は
アンケートに記された内容をもとに，参加学生の反応を紹介し，考察したもの
である。

参加学生の全員は，白山界隈における市街地の特色の理解を深めることができたと回答していた。観察ポイントのうち，①〜③，⑥，⑦，⑩は，東洋大生の通学ルートにあるが，「たくさんの発見ができたことで，これまで自分が大学の周りを注意して見ていなかったかを感じた」のコメントに象徴されるように，参加学生はふだんの登下校で白山界隈を意識しないで通過している傾向にあった。しかし，参加学生は観察ポイントに着目することにより，白山界隈が特色のある市街地であることに気づくようになった。また，「白山界隈は人や車の行き来が多く，にぎやかなところ」のイメージをもっていた参加学生は，台地および開析谷における商店街のようす（観察ポイント③，⑥）だけでなく，路地と住宅地のようす（観察ポイント④，⑨）にも高い関心を示していた。これは地域を比較する姿勢をもつようになったことのあらわれといえる。

さらに，台地では本郷通りに面した場所と，そこからはずれた場所での建物の高さ・形態の違いに着目したこと，開析谷では等高線で確認しながら，現存しない東大下水のおおよその流路を把握したこと，台地と開析谷を結びつける坂道に名前がつけられている理由を理解したこと，白山界隈のなかで比較しただけでなく，白山界隈全体と他の地域を比較したことなど，アンケートには意欲的な姿勢で白山界隈を観察していたことがうかがえる内容が多くみられた。このほか，今回参加したことで，ワンポイント巡検の具体的方法が理解できたことを記した参加学生もいた。

したがって，今回のワンポイント巡検の実施にあたり，第1節で記した3つの目標に達成したといえる。

5. おわりに

著者にとってはじめてのワンポイント巡検であったが，コースや観察ポイントの変更もなく，予定通りに所要時間85分で収まった。さらに，第4節で記したように，学生の反応を通してさまざまな成果が得られたことにより，著者はワンポイント巡検が有効であることを感じた。なお，今回のコースは途中の

白山上交差点でいったん戻った形をとっているので，観察ポイントを①〜⑤と⑥〜⑩の2つに分けて，中学校・高等学校の一授業時間45〜50分の枠内におさめることも可能であると考える。

第2節で記したが，10,000分の1地形図はすでに国土地理院から更新・発行されなくなっている[17]。学校のすぐ周りの狭い範囲で歩きによる地域調査（巡検を含む）を実施する場合，2,500分の1や5,000分の1の地図の使用[18]が適しているとする指摘（山田2012）は重要である。実際，2,500分の1の地図を使用したワンポイント（的）巡検の実践の内容も報告されている（今井2012，2014，山口2012）。したがって，次の第4章では2,500分1の地図を使用した白山キャンパスのすぐ西部での実践の内容を取り上げる。

付記

本章は，「大学の地理教育におけるワンポイント巡検の実践的考察—教職科目「地理学」の場合—」『巡検学習・フィールドワーク学習の理論と実践—地理教育におけるワンポイント巡検のすすめ—』，古今書院（2012年12月）をもとに加筆・修正したものである。

注

（1）人文地理学Bは交通地理学の内容，地理学Bは集落地理学を中心とした人文地理学の内容，地誌学Bは外国地誌の内容である。3授業では教員免許状の取得を目的としない履修も存在する。

（2）本章の直前にある「巡検対象地域（第3〜8章）の概要」を参照。

（3）人文地理学Aは観光地理学の内容，地理学Aは自然地理学の内容，地誌学Aは日本地誌の内容である。3授業では教員免許状の取得を目的としない履修も存在する。

（4）とくに地誌学Bが該当する。

（5）国際地域学部は2017年度に国際学部と国際観光学部に改組された。

（6）参加学生には2論文を複写印刷したものを配布した。

（7）当日の配布資料には，同じ地形図の計曲線（10m，20m）を太線でたどり，その数値を分かりやすく示したものを加えた。

（8）江戸切絵図（近世末期に発行）は，復刻古地図として人文社から計30地域発

行されていた（同社は 2013 年 8 月をもって事業を停止）。著者は，2002 年に発行された『切絵図・現在図で歩く江戸東京散歩』を使用した。切絵図は方位が正確でないこと，スケールあるいは縮尺が示されていないことに注意する必要がある。

(9) 土井主計は大名でなく，旗本である。1857（安政 3）年の「諸向地面取調書」（国立公文書館所蔵）には，土井主計が「火事場見廻」として，白山に拝領下屋敷を所有していた記載がある。「火事場見廻」は寄合から選ばれるのが通例であるため，土井主計は寄合，すなわち旗本ということになる（東洋大学井上円了研究センター・井上円了記念博物館学芸員の北田建二氏からのご教示による）。

(10) 1887（明治 20）年に哲学館は，本郷区湯島（現文京区湯島）の寺院・麟祥院の一棟を借りて開校した。

(11) 2011 年当時，近くの学校に通う生徒が利用する店舗は，主にコンビニエンスストア，文具店である。下校途中に立ち寄る姿がみられる。

(12) 八百屋の娘といわれているお七（1668 ？〜 1683）は，恋仲となった円乗寺の一小姓に会いたい一心で放火事件（未遂）を起こした罪により処刑された。1686（貞享 3）年に井原西鶴が浮世草子『好色五人女』でお七を取り上げたことは有名である。

(13) 2011 年当時，近くの学校に通う生徒が利用する店舗は，主にコンビニエンスストア，文具店，書店である。下校途中に立ち寄る姿がみられる。

(14) 東京都の支援を受けた形で，2012 年 3 月まで行われた。

(15) 近世初期に本郷元町（現文京区本郷の一部）にあった吉祥寺は，1657（明暦 3）年の明暦の大火などで消失したことから，徳川幕府の指示を受けて，1659（明暦 5）年に現在地に移転した。寺には移転前と同様，駒澤大学（東京都世田谷区）のルーツとなる旃檀林（僧侶の学寮）が設置された。なお，大火により家を失った門前の住民は，徳川幕府の指示を受けて，多摩地域の武蔵野台地に移住し，農業に従事するようになった。移住先は寺への愛着から吉祥寺村（現東京都武蔵野市東部，JR 中央本線・京王電鉄井の頭線吉祥寺駅がある）と名づけられた（東京学芸大学地理学会編 1982，正井監修 2003b）。

(16) 注 (9) を参照。

(17) 2009 年 1 月の「岐阜西部」，「笠松」（いずれも中京圏で，2007 年修正）を最後に，1 万分の 1 地形図は発行されなくなっている。

(18) 主に 2,500 分の 1 や 5,000 分の 1 の国土基本図，東京都縮尺 2,500 分の 1 地形図をさす。

参考文献

今井英文（2012）：高校地理におけるワンポイント巡検の実践―岡山市立岡山後楽
　館高等学校の例―. 松岡路秀・今井英文・山口幸男・横山　満・中牧　崇・西木
　敏夫・寺尾隆雄編『巡検学習・フィールドワーク学習の理論と実践―地理教育に
　おけるワンポイント巡検のすすめ―』，古今書院，pp.98-106.

今井英文（2014）：高等学校「地理A」におけるワンポイント巡検の実践と評価，
　地理教育研究，第15号，pp.10-18.

東京学芸大学地理学会編（1982）：『東京百科事典』，国土地理協会，755p.

東洋大学創立百年史編纂委員会編（1993）：『東洋大学百年史 通史編1』，東洋大学，
　1349p.

中牧　崇（2010）：大学周辺における地理教育巡検の実践と課題―教職科目「地理学」
　を事例として―，地理教育研究，第7号，pp.45-53.

文京区教育委員会（1990）：『文京のあゆみ―その歴史と文化―』，文京区教育委
　員会，352p.

文京区商店街連合会（2011）：『文京まち歩き帖 文京区商店街連合会六十周年記念
　誌』，文京区商店街連合会，127p.

文京ふるさと歴史館（2008）：『ぶんきょうの坂道 改訂版』，文京ふるさと歴史館，
　168p.

正井泰夫（1987）：『城下町東京―江戸と東京との対話―』，原書房，217p.

正井泰夫監修（2003a）：『図説 歴史で読み解く東京の地理』，青春出版社，95p.

正井泰夫監修（2003b）：『東京・地理の謎』（ふたばらいふ新書），双葉社，
　220p.

山口幸男（2012）：教員養成学部の社会科指導法等の科目におけるフィールドワー
　ク，巡検の実践，松岡路秀・今井英文・山口幸男・横山　満・中牧　崇・西木敏夫・
　寺尾隆雄編『巡検学習・フィールドワーク学習の理論と実践―地理教育における
　ワンポイント巡検のすすめ―』，古今書院，pp.234-242.

山田喜一（2012）：中学校「地理」の身近な地域の調査に関する若干の考察，山口
　幸男編『地理教育・社会科教育の理論と実践』，古今書院，pp.157-164.

コラム3　東京における「下町」の範囲

　著者が地理教育巡検のための事前調査をするなかで，山手台地に位置する
巣鴨が現在も「下町」とみなされていることに気づきました。巣鴨は旧中山道
沿いの巣鴨地蔵通り商店街，高岩寺のイメージが強いためでしょうか，「出没！
アド街ック天国」（テレビ東京系列）の「東京下町BEST30」（1999年4月10
日放送）で，「東京の下町」というと，思い浮かべる場所の第8位に入ってい
ました（表コラム3-1）。その後も，「出没！アド街ック天国」ではありません
が，某テレビ番組で巣鴨界隈が「下町」として扱われていました。インターネッ
トで「巣鴨」，「下町」で検索してみましたところ，ホームページやブログなど
で，巣鴨が「下町」として紹介されているものが多いことには驚きました。そ
れらのなかには，「下町情緒」を用いているものもあります。某テレビ番組，ホー
ムページやブログなどでの「下町」は，山手台地，下町低地といった地形の高
低と無関係に，「下町のような情緒」を「下町」と省略しているのかもしれま
せん。

　「出没！アド街ック天国」のアンケートの結果が興味深かったことから，本
コラムでは，服部銈二郎氏の『都市の表情』（古今書院，1984）に掲載されて
いる「東京の新しい山の手と下町」（図コラム3-1）に，表コラム3-1がどこに

表コラム 3-1　「東京の下町」というと，思い浮かべる場所

順位	場所		順位	場所	
1	浅草	（台東区）	6	月島	（中央区）
2	柴又	（葛飾区）	7	人形町	（中央区）
3	上野	（台東区）	8	巣鴨	（豊島区）
4	深川	（江東区）	9	両国	（墨田区）
5	亀有	（葛飾区）	10	亀戸	（江東区）

（1999年4月10日放送のテレビ東京系「出没！アド街ック天国」
　で1万人にアンケート）

コラム3　東京における「下町」の範囲　59

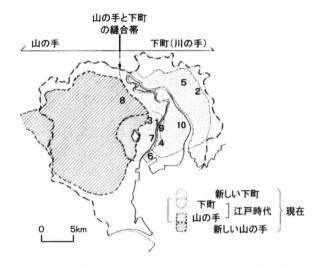

図コラム 3-1　東京の新しい山手と下町（服部銈二郎,[1984]に加筆）
図中の 1 〜 10 は表コラム 3-1 の順位と合致する。

位置するか示してみました。なお，図コラム 3-1 での「新しい」は，明治期〜昭和後期（1980 年代前半）をさしています。

　第 3 位の上野は，近世の下町で「山の手と下町の縫合帯」（タモリ氏風にいえば「山の手と下町のキワ」といったところでしょうか）から東をさしていると考えられます。アメ屋横丁（アメ横）や上野広小路は下町，上野動物園（東園）や美術館・博物館群は山手（山の手）であることに注意したいものです。話が横道にそれますが，この縫合帯と並行するのが JR 京浜東北線の上野駅〜赤羽駅間です。京浜東北線は主に下町を通っていますが，縫合帯と非常に近い区間もあれば，接する区間もあり，地形の高低差を確認することができます。第 4 位の深川は，近世の下町（例：門前仲町，清澄，森下）だけでなく，新しい下町（例：木場，東陽町）も含まれていると考えられます。第 2 位の柴又，第 5 位の亀有は新しい下町であっても，近世の下町の範囲から北東に離れています。山田洋次氏原作・監督（一部作品除く）・脚本，渥美　清氏主演の映画「男はつらいよ」のシリーズ（松竹，1969 〜 1995 年，全 48 作），秋本　治氏の漫画

『こちら葛飾区亀有公園前派出所』の連載（集英社, 1976 〜 2016 年, 全 200 巻）の影響が大きいと考えられます。シリーズや連載が終了しても,「寅さん」と「両さん」の人気は健在です。

　第 6 位の月島は, 隅田川の左岸に位置しますが, 1892（明治 25）年に完成した埋立地がルーツです。そのため, 近世の下町の範囲に入っていません。さらに, 新しい下町の範囲にも入っていませんが, 1980 年代後半に営団地下鉄（現東京メトロ）の月島駅が開業したこと（対岸の銀座一丁目駅 [中央区, 銀座は近世の下町の範囲] までの所要時間はわずか 3 分）, 同じ時期にもんじゃ焼きがマスコミなどの紹介により, 注目されるようになったことを考えると, 現在の月島を新しい下町の一部に含めることは差し支えないでしょう。月島は北に隣接する佃島（中央区）と同様, カメラのフレームに収めると新旧の建物が同居して, 見事な対照性です。

　図コラム 3-1 では, 下町の南限が港区の古川の河口付近になっています。JR・東京モノレールの浜松町駅のすぐ南です。河口から南, 品川区や大田区の東部は下町の範囲からはずれていますが, 埋立地を含めて低地が広がっています。2000 年代後半以降, ここを「下町」とみなす動きが相次ぐようになりました。たとえば, にしだかな氏の漫画『品川宿猫語り―猫たちと人々の下町愛情物語―』（少年画報社, 2009 〜 2015 年, 全 13 巻）は品川区が, 人気テレビドラマの原作・池井戸　潤氏の小説『下町ロケット』（小学館, 2010 年 [直木賞受賞]）は大田区が舞台です。さらに, 『下町ロケット』で注目された同区の町工場の経営者たちが「下町ボブスレー」を製造したことは大きな話題になりました。今後も, 品川区や大田区の東部が「下町」として取り上げられる機会が増えれば, 両区が新しい下町の一部として多くの人に認知される可能性は高いでしょう。

第4章　台地と谷に着目した市街地での
ワンポイント巡検（その2）
──東洋大学白山キャンパスのすぐ西部での実践

1.　ワンポイント巡検のテーマ・目標と事前学習

　本章では，教職科目「地理学」の前期の授業（1部：人文地理学A，2部：地誌学A[(1)]）を履修している学生を対象に，台地と谷に着目した市街地でのワンポイント巡検として，東洋大学白山キャンパスのすぐ西部，文京区白山での実践（2014年5月31日［土曜日］）の内容を取り上げる。

　ワンポイント巡検のテーマは，「文京区白山四丁目・五丁目を中心とした市街地の特色─台地と開析谷に着目して─」である。第3章で記したが，学生の多くは白山界隈における市街地の特色を十分認識していないと思われる。とくに，白山キャンパスのすぐ西部の場合，学生は通学路にもなっている白山駅～京華通り商店街～白山通り～白山キャンパス間だけしか認識していないのが実情といってよい。そこで，白山界隈における市街地の特色をつくりだすうえで，台地と開析谷が重要な役割をもっていることを理解してほしいと考え，テーマの副題は第3章と同じにした。また，ワンポイント巡検の視点は「市街地の土地利用と景観」とした。これは，狭い範囲であっても，学生に「所変われば品変わる」を実感してもらうには，土地利用と景観が理解しやすいと考えたためである。

　ワンポイント巡検の目標は次の3点で，こちらも第3章と同じにした。

（ア）市街地の特色をつくりだすうえで，台地と開析谷が重要な役割をもっていることを理解する。

（イ）台地上の市街地と開析谷の市街地を結びつける坂道の存在に注目する。

（ウ）台地と開析谷での比較，台地内での比較，開析谷内での比較をとおして，

市街地の土地利用・景観のちがいを理解する。

参加学生（計 27 名，文学部・経済学部・経営学部・法学部・社会学部［うち 1 名はサポート役[2]］）には事前学習として，授業の配布資料（地形図を扱った地図学習）で復習するように指示し，さらに，ワンポイント巡検の定義と意義について理解してもらうため，ワンポイント巡検の理論と実践を扱った著書（松岡ほか編 2012）[3] の一部を読んでおくように指示した。

2. ワンポイント巡検のコースと地図
——2,500 分の 1 地形図の使用を中心として

ワンポイント巡検のコースは，白山キャンパス南門（集合）から白山キャンパス西門，白山第 2 キャンパス跡などを経由して，南門（解散）に戻ってくるまでの反時計回りの約 2.6km の区間（図 4-1）で，歩いて移動した。観察ポイントで立ち止まっての参加学生による地理的事象の観察，そこでの案内者（著者）の説明を加えると，所要時間は 85 分である（集合 15 時 00 分，解散 16 時 25 分）。コースの設定では，白山キャンパスで学ぶ学生にとってなじみのうすいキャンパスのすぐ西部，とくに，白山通りから西部をできる限り入れることにした。なお，コースは観察ポイント①〜⑩（第 3 節を参照）とあわせて，2004 年修正の東京都縮尺 2,500 分の 1 地形図[4]「大塚」，「本駒込」（以下，「2,500分の 1 地形図」）に示した（図 4-1）。

2,500 分の 1 地形図は白黒印刷である。そのため，とくに建物が密集しているところでは，等高線（計曲線が 10m 間隔，主曲線が 2m 間隔）の確認が困難であるが，標高が小数点以下で多く示されているため，地形の高低差の見当をつけるうえでの重要な手がかりになると考えられる。また，1998 年修正の10,000 分の 1 地形図「池袋」，「上野」の各一部を 200%に拡大し，標高 10m 以下，標高 10 〜 20m，標高 20m 以上の範囲をそれぞれ異なる色で着色したもの（図4-2）も使用し，地形の高低差を把握するための一助とした。このほか，新旧の市街地における土地利用を比較するため，1857（安政 4）年発行の江戸切絵

第4章 台地と谷に着目した市街地でのワンポイント巡検（その2） 63

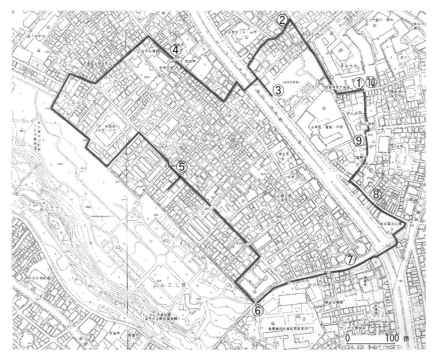

図 4-1　ワンポイント巡検のコース（2,500分の1東京都地形図「大塚」,「本駒込」を 33%に縮小，2004年修正）
太線がコース，①〜⑩が観察ポイント（第3節参照）。

図[5]「東都駒込辺切絵図」（以下，「絵図」）も使用した。

3. ワンポイント巡検の観察ポイントと指導内容

(1) 東洋大学白山キャンパス南門（白山五丁目，観察ポイント①）[6]

　観察ポイント①でのねらいは，台地と谷の地形のようすを観察させること，市街地における土地利用の変遷について注目させることである。
　白山キャンパス南門（標高 22m）は白山台地の東端にある。南門の前から東

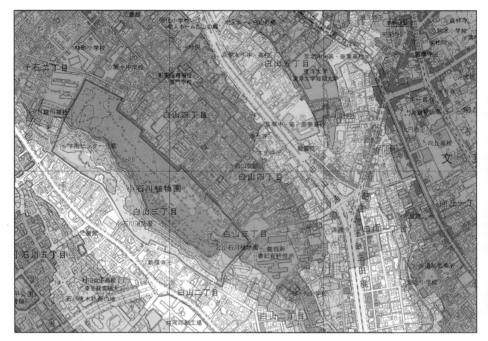

図 4-2 ワンポイント巡検のコースとその周辺における地形の高低差（10,000 分の 1 地形図「池袋」，「上野」を 86%に縮小，1998 年修正）
標高 10m 以下の範囲，標高 10 〜 20m の範囲，標高 20m 以上の範囲をそれぞれ異なる色で着色（色分け）した。標高 10m，標高 20m が計曲線である。

をみると，坂道があり，中央が指ヶ谷の開析谷（標高 17m），奥（中山道［旧白山通り，国道 17 号］）が本郷台地の西端（標高 21m）になっているように，起伏に富んだ地形を観察させた（写真 4-1）。また，文京区教育委員会（1990）から，かつて指ヶ谷の開析谷のなかには，東大下水が流れていたことを説明した。

　白山キャンパス南門から比較的近い校地（1 〜 5 号館）のかなりの部分が，近世末期に土井主計の下屋敷[7]であったことを絵図から確認させた。また，東洋大学創立百年史編纂委員会編（1993）から，白山キャンパスは哲学館時代の 1897（明治 30）年に東京市本郷区（現文京区の一部）から移転してきたことを説明した。

(2) 暗闇坂（白山五丁目，観察ポイント②）

観察ポイント②でのねらいは，台地と谷，坂を観察・体感させること，坂名の由来を知ることである。

暗闇坂は，白山台地（標高 25m）から指ヶ谷の開析谷の支谷のなか（標高 17m）までの区間にある。坂名の由来は，近世当時，屋敷と屋敷の間の道が細くて暗かったことによる（文京ふるさと歴史館 2008）。この坂は短く，急坂で，曲がりくねった部分もある。一戸建て住宅（主に 2 階建て）が密集していて，見通しは十分でないが，坂の上からあるいは住宅の塀の段差（階段状）から，起伏に富んだ地形を観察することが可能である（写真 4-1）。

なお，文京区内には，本郷と弥生の間（東京大学本郷キャンパス付近）に同名の坂がある。

写真 4-1 暗闇坂の上から見下ろす（2014 年 6 月撮影）
坂の左（南）側に手すりが設置されていることが急坂のあらわれといえる。正面奥に見える 14 階建ての集合住宅は，白山通りに面した場所（指ヶ谷の開析谷の支谷のなか）に建っている。

(3) 東洋大学白山キャンパス西門（白山五丁目，観察ポイント③）

観察ポイント③でのねらいは，谷のなかでも白山通り沿いの市街地のようすを観察させること，市街地における土地利用の変遷について注目させることである。

白山キャンパス西門は隣接する 6 号館（2005 年使用開始）[8]とともに，指ヶ谷の開析谷の支谷のなかにある。このことを念頭に置いて，6 号館の 3 階部分の高さが 1 〜 5 号館の 1 階部分の高さと同じであることを実感させた。また，6 号館のかなりの部分が，近世末期に森川伊豆守の下屋敷[9]であったことを

絵図から確認させた。

　西門の目の前を通る白山通りの中央には標高 16.9m を示す数字があることから，観察ポイント②の上から 8m 程度下がってきたことになる。白山通りのうち，千石駅前交差点から白山下交差点までは 1960 年代後半に完成した区間であり，この区間の南半分（西門が面している）は，指ヶ谷の開析谷の支谷のなかを通っている。西門から白山通りをみると，自動車の往来が多いうえ，白山駅から近いため，白山通り沿いでは 10 階建て前後の建物（例：集合住宅）が目立つようすを観察させた。

＊白山通りを横断するときに，南南東が少しずつ下り坂になっている状態を確認させた。指ヶ谷の開析谷の支谷から再び白山台地へ入る。今歩いてきたルートを振り返ることにより，起伏に富んだ地形を観察させた。

（4）寺院の立地（白山四丁目，観察ポイント④）

　観察ポイント④でのねらいは，複数の寺院が近接しているようすを，台地の上の平坦な地形に着目しながら観察させることである。

　江戸の市街地において，寺院の多くは大名下屋敷とともに外側に集中して配置される傾向にあった。寺院は外から敵が攻めてきた場合に備えて，防御の機能ももっていた [10]。今回のコースでは，寂圓寺，龍泉寺が並んだように立地しているようすを観察させたうえで，近世末期には現在と同じ場所に寂圓寺，龍泉寺が立地し，この二寺院に近接して一行院が立地していることを絵図から確認させた [11]。

　寂圓寺と竜泉寺の西に隣接する道路には標高 23.8m を示す数字が，一行院の西に隣接する道路には標高 23.9m を示す数字があることから，寺院が白山台地の平坦な地形の上に立地していることを確認させた。

（5）路地と住宅地（白山四丁目，観察ポイント⑤）

　観察ポイント⑤でのねらいは，市街地における土地利用の変遷と路地について，台地の上の平坦な地形に注目しながら，住宅地の景観を観察させることで

ある。

　白山通りと小石川植物園[12]の間にはさまれた地域は，主に標高23m台の白山台地で，比較的整然とした路地をもつ。この道路網は近世末期当時と基本的に変わっていないことを，絵図から確認させた。さらに，近世末期に武家屋敷であったところが，現在では閑静な住宅地域になっているようすを観察させた（写真4-2）。

写真 4-2　比較的整然とした路地（2014 年 6 月撮影）
交差点はT字路あるいは十字路で構成されている。一戸建て住宅，集合住宅とも低層であるため，空の広がりが大きい。

　白山通りと比較すると道幅が狭いこともあり，自動車の往来が少ない。また，一戸建て住宅（主に2階建て）が多い。集合住宅はところどころに点在していて，そのなかには，公務員宿舎，企業の寮，学生寮もみられる（一部は未使用）。5階以上の建物はみられない。西部分では小石川植物園の樹木がみえるため，緑が豊かな住宅地域の印象を受ける（写真4-3）。ここが白山駅から比較的近いことを忘れてしまいそうである。

写真 4-3　路地と住宅地の西部分（2014 年 6 月撮影）
塀の向こうの小石川植物園の樹木群が閑静さを演出してくれる。この路地は自動車の往来がとくに少ない。

（6）東洋大学白山第2キャンパス跡（白山二丁目，観察ポイント⑥）

　観察ポイント⑥でのねらいは，市街地における土地利用の変遷について，2000年代以降を中心に注目させることである。

　第2キャンパスは2006年に法科大学院が使用をはじめた。2009年には板倉キャンパス（群馬県邑楽郡板倉町）から国際地域学部が移転してきた。なお，第2キャンパスは2013年に白山キャンパスへの移転により幕を閉じた[13]。2014年当時，第2キャンパス跡では京北中学校高等学校，京北学園白山高等学校の新校舎が建設中であり，作業用車両・作業員専用出入口から建設工事のようすをわずかに観察することが可能であった[14]。正門跡に面した道路の中央には標高24.2mを示す数字があることから，第2キャンパス跡が白山台地の上に立地しているようすを観察させた。

　ここは近世末期に松平備中守の大名中屋敷であったが，明治期以降は教育用地，官用地として利用されていたことを説明した[15]。

＊正門跡の前から南西方向をみると，御殿坂（第6章第3節（4）［観察ポイント④］を参照）とよばれる急坂が南西（小石川の開析谷がある）へ延びている。このことから，第2キャンパスは白山台地の西端に位置していることを確認させた。

（7）蓮華寺坂（白山二丁目・四丁目，観察ポイント⑦）

　観察ポイント⑦でのねらいは，台地と谷の地形のようすを観察させること，その間にある急坂を体感させながら，市街地の景観を観察させること，坂名の由来を知ることである。

　蓮華寺坂は，白山台地（標高23m，小石川白山教会・愛星幼稚園前）の東端から指ヶ谷の開析谷（標高11.9m，白山通りの白山下交差点）までの区間にある。坂名の由来は，白山下交差点の近くに蓮華寺があることによる（文京ふるさと歴史館2008）。左へのカーブが終わるまで急坂が続く。また，白山台地の東端やカーブから起伏に富んだ地形を観察させた（写真4-4）。坂の上では2〜4階建ての建物が多くみられるが，坂の下では白山通り沿いに10階建て前

後の建物が多くみられるようすを観察させた。さらに，白山通りでは自動車の往来が多いため，喧騒であることを実感させた。

＊白山通りを白山下交差点で横断するときに，南南東（文京シビックセンター［文京区役所が入っている］，東京ドームシティアトラクションズ［旧後楽園ゆうえんち］などがある）が少しずつ下り坂になっている状態を確認させた。交差点から南南東の白山通り沿いでは10階建て以上の建物が多いようすを観察させた。

写真 4-4 蓮華寺坂の上から見下ろす（2010 年 7 月撮影）
白山下交差点が坂の下にみえる。この坂は 2006 ～ 2012 年度に白山第 2 キャンパスの通学路（法科大学院の院生，国際地域学部の学生が対象）として利用された。

（8）京華通り商店街（白山五丁目，観察ポイント⑧）

観察ポイント⑧でのねらいは，商店街名の由来を知るとともに，谷のなかの商店街のようすを観察させることである。

京華通り商店街は，旧白山通りにある白山下交差点（都営地下鉄白山駅の出入口が近い）から白山通りまでの間に形成されている商店街である（文京区商店街連合会 2011）。商店街のほぼ中央には標高 11.4m を示す数字があることから，商店街が指ヶ谷の開析谷のなかに立地し，建物は低・中層が目立つようすを観察させた。商店街名は京華中学・高等学校，京華商業高等学校，京華女子中学・高等学校が近くにあることに由来する。京華の生徒のほか，東洋大生が 6 号館に向かうときの通学路でもある。勤め人，京華の生徒，東洋大生も利用する店舗もみられるが，商店街の利用者は近隣住民が中心である。

京華通り商店街の活性化に向けた取り組みとして，イベントとの連動が挙

げられる。たとえば、毎年 10 月第 1 土曜日に商店街に面した道路での「文京越中(えっちゅう)おわら」の開催である。これは、白山下交差点前の東京富山会館で、おわらの稽古に励む富山県人会のメンバーと京華通り商店街側との交流が契機となり誕生したものである[16]。

＊京華通り商店街の途中にある白山神社の入口から参道の石段を上がると、白山神社の本殿へ着く。

(9) 白山神社（白山五丁目，観察ポイント⑨）

　観察ポイント⑨での主なねらいは、白山神社の歴史的背景について、境内の富士塚とあわせて気づかせること、台地と谷を観察・体感させることである。

　白山の地名の由来となる白山神社は、天暦年間（947～957 年）に加賀(かが)一宮白山神社（現石川県白山市）からの勧請により、現文京区本郷に創建された。元和年間（1615～1624）年には現在の小石川植物園内へ移転したが、1655（明暦元）年に現在地へ再移転した（文京区教育委員会 1990）[17]。

　近世には富士信仰がさかんになったため、富士山を模した富士塚が江戸の市街地の神社や寺院の境内に多くつくられ、そのひとつが白山神社の富士塚（白山富士、高さ約 4m [18]）であることを説明した（「近世江戸の住民の富士信仰を参照）。

　本殿のすぐ南（標高 21.8m を示す数字あり）は白山台地の南端に位置する。それは参道の石段[19]の上から観察ポイント⑨を見下ろしながら観察させる

写真 4-5　白山神社の石段の上から見下ろす（2014 年 6 月撮影）
両側に手すりがついていることから、起伏に富んだ地形につくられたことがわかる。

こと(写真 4-5),観察ポイント⑧のほぼ中央に標高 11.4m を示す数字があることから,ある程度確認することが可能である.

近世江戸の住民の富士信仰　近世江戸の市街地において,富士山は至るところでみることが可能であった.江戸の住民は富士山に対して憧憬の念をもつようになった.それは富士信仰にも結びついていった.享保年間(1716〜1736年)に,富士行者の食行身禄(じきぎょうみろく)が「富士講」を組織化したことにより,江戸の市街地には富士講が相次いで誕生した.富士講は先達(せんだつ)と呼ばれる案内者を中心として,講のメンバーから数名を選んで,集団で歩いて富士山に登拝した.1780(安永 9)年に高田藤四郎(たかたとうしろう)による「高田富士」と呼ばれる富士塚[20]を皮切りに,江戸の市街地には富士塚が相次いでつくられ,富士塚は富士講の拠点として役割を果たすようになった.富士塚は,実際の富士山に登拝したくても登拝が不可能な

写真 4-6　白山神社の富士登山のようす（2015 年 6 月撮影）
登山道沿いに咲くアジサイを鑑賞しながら山頂をめざす.

写真 4-7　富士塚の山頂（2015 年 6 月撮影）
山頂には浅間(せんげん)神社が鎮座している.

高齢者，体力のない人，経済的に困難な人，女性（当時は女人禁制）などが，富士登山の願望を実現するため機能した。

　現在，文京区には白山神社のほか，護国寺（大塚五丁目，第6章第3節(14)［観察ポイント⑭］を参照），駒込富士神社（本駒込五丁目，第8章第3節(10)［観察ポイント⑩］を参照），海蔵寺（向丘二丁目）に富士塚がある。なお，白山神社の富士塚への登拝が可能なのは，毎年6月の「あじさいまつり」の開催期間（例：2014年は7〜15日，2015年は5〜14日）だけである（写真4-6, 7）。

※文京ふるさと歴史館編（1995），正井監修（2003）を参考にまとめた。

(10) 東洋大学白山キャンパス南門（(1)を参照）

4. ワンポイント巡検に対する参加学生の反応
──2,500分の1地形図の使用を中心として

　地図の世界ではデジタルデータが急速に普及しているが，ワンポイント巡検では紙地図として，2,500分の1地形図などを使用した。紙地図のメリットは全体を俯瞰しやすいこと，現地で見聞きした内容を地形図に直接記しやすい（手書きだと頭に入りやすい）ことである。参加学生はスマートフォンの依存度の増加から，狭い画面にあらわれた地図を日常的に目にし，手書きの機会が減少しているのが実情である。しかし，実施直後に課したレポートで，紙地図を使用する意義を取り上げた内容が目立ったことから，参加学生は紙地図のメリットをおおむね理解してくれたといえる。

　さらに，実施直後に課したアンケートでは，参加学生の全員が対象地域の特色の理解を深めることができたと回答していた。参加学生は対象地域がどのようになっているかを2,500分の1地形図と比較しながら，野外で観察する姿勢をもっていたことのあらわれといえる。

　ワンポイント巡検の参加学生のなかから，2,500分の1地形図の使用に着目した反応を取り上げると，この地形図は建物や道路の表示がわかりやすかった

こと，地形の高低差がわかりやすかったことがアンケートの回答に複数みられた。後者の場合，第3節で記したような地形の高低差の見当がつけられない学生が多いと著者は予想していた。なぜならば，大学入学時まで2,500分の1地図を見たことがある学生が少なかったからである。しかし，アンケートでは「十分つけられた」，「ある程度つけられた」の回答がほとんどであった。これは，小数点以下で多く示されている標高や，観察ポイント⑤のすぐ西にある小石川植物園内に示された等高線を手がかりにすることが可能であったためと考えられる。

　必ずしも2,500分の1地形図の使用に着目していないが，レポートには「歩きや自転車だけでなく，車で移動するときに坂道を移動するのは大変だろう」，「地形の高低差が大きく，お年寄りなどが住むには不便な場所だと思った」といった記述がみられた。これらは，主に観察ポイント⑤から⑦への移動から得られたものである。筆者はレポートの返却にあたり，ワンポイント巡検のコースから北西にはずれたところ（千石一丁目・二丁目）は平坦な地形であるため，坂道の移動で苦心することがない旨のコメントを添えた。比較的少人数の授業であれば，これらの記述をもとに，事後学習では参加学生に2,500分の1地形図を図4-1以外のところにも広げながら，住民のモビリティの確保について話しあうように，主体的・対話的で深い学びによる展開が可能であったのではないかと考えている。

　本節では，2,500分の1地形図の使用に着目したが，そのことを考慮しても，この地形図をワンポイント巡検で使用した成果は大きいといえる。

5. おわりに

　このワンポイント巡検では，案内者が1名に対して，参加学生が27名と多人数になったが，コースや観察ポイントの変更もなく，予定通りに所要時間85分で収まった。この日の東京都内では気温が30度まで上昇した（2014年最初の真夏日）が，暑さ対策（例：水分補給，日影となっている部分を移動）を

行い，サポート役の学生1名が最後尾にいたため，参加学生の歩く速度が落ち
なかったことが挙げられる。

　第4節で記したように，学生の反応を通してさまざまな成果が得られたこと
から，著者は2,500分の1地形図を使用したワンポイント巡検が有効であるこ
とを感じた。しかし，巡検のテーマの副題「台地と開析谷に着目して」では，
もし観察ポイント⑤のすぐ西で建物が密集していたならば，等高線と主曲線の
確認が困難なため，地形の高低差の見当がつけられない学生が少なからずいた
かもしれない。

　市街地でワンポイント巡検を実施するなかで，台地や開析谷の具体的な広が
りを把握する場合，2,500分の1地形図の使用を中心としながら，図4-2のよ
うな形で10,000分の1地形図を補助的に使用することにより，地形の高低差
に対する理解はいっそう深まると考えられる。第3章で記したように，10,000
分の1地形図は発行されなくなったが，工夫しだいで地理教育巡検での活用の
余地はまだあると考えられる。

付記
　本章は，「地理教育巡検の実践（後編）東洋大学におけるワンポイント巡検―文京
区白山の事例―」地理，第61巻第5号（2016年5月）をもとに加筆・修正したもの
である。

注
（1）人文地理学Aは観光地理学の内容，地誌学Aは日本地誌の内容である。2授業
　　では教員免許状の取得を目的としない履修も存在する。

（2）この学生は過去に著者の授業を履修済み（単位も取得済み）で，かつ地理教育
　　巡検に参加していた。

（3）松岡ほか編（2012）には，ワンポイント巡検の理論を扱った松岡論文，中学校
　　での実践を扱った井上論文，松岡・中里論文，茂田井論文，高等学校での実践を扱っ
　　た今井論文，山内論文，大学での実践を扱った著者の論文があり，各論文を複写
　　印刷したものを配布した。

（4）現在の著作権は，東京都都市整備局と（株）ミッドマップ東京にある。筆者は
　　2008～2009年の情報をもとにしたDM（デジタルマッピング）データでなく，そ

第 4 章　台地と谷に着目した市街地でのワンポイント巡検（その 2）　75

の前に作成された紙地図（2004 年修正）を使用した。

(5) 2010 年に人文社から発行された『嘉永・慶応 新・江戸切絵図』を利用した。

(6) 第 3 章第 3 節（1）（観察ポイント①）を参照。

(7) 第 3 章の注（9）を参照。

(8) 2,500 分の 1 地形図では，6 号館の部分が「宅地造成中」となっている（「宅地」とは建物をつくるときに必要な土地）。

(9) 武蔵文化財研究所（2004）によると，江戸切絵図の下屋敷は抱屋敷の誤記である可能性が高い。なお，森川伊豆守は大名でなく，旗本であったと考えられる（東洋大学井上円了研究センター・井上円了記念博物館学芸員の北田建二氏からのご教示による）。

(10) 第 3 章第 3 節（8）（観察ポイント⑧）を参照。

(11) 一行院の所在地は千石一丁目である。ワンポイント巡検で取り上げたのは，コース上から寺院を確認することが可能なためである。また，3 寺院の詳細は次のホームページを参照。寂圓寺 http://www.jyakuenji.com/，龍泉寺 http:// www. tendaitokyo.jp/jiinmei/4ryusenji/，一行院 https://ichigyo-in.jp/

(12) 正式な名称は，東京大学大学院理学系研究科附属植物園（第 6 章第 3 節（5）［観察ポイント⑤］を参照）。ワンポイント巡検では，小石川植物園の所在地が文京区白山三丁目であること，植物園内には等高線が示されていることに注意を促した。

(13) 東洋大学の資料による。なお，法科大学院は 2016 年度から募集を停止している。また，国際地域学部は第 3 章の注（5）を参照。

(14) 各校の学校法人は東洋大学。2014 年当時，中学校・高等学校は東京都北区赤羽台に仮移転していたが，2015 年に新校舎に入った。なお，京北中学校高等学校は校名を東洋大学京北中学校高等学校に変更した。

(15) 10,000 分の 1 地形図では，1909（明治 42）年測図「早稲田」，1929（昭和 4）年修正測図「早稲田」，1956 年修正「池袋」，1998 年修正「上野」から確認することが可能である（第 6 章第 3 節（3）［観察ポイント③］を参照）。なお，2,500 分の 1 地形図をみると，最高裁判所書記官研修所として利用されていた。2004 年に書記官研修所は家庭裁判所調査官研修所と統合，裁判官職員総合研修所として埼玉県和光市に移転した。2005 年に東洋大学は書記官研修所跡地を購入した。

(16) 詳細は 2010 年 4 月 30 日付「東京新聞」の「TOKYO のわがふるさと 富山（5）踊り・きずな・店『東京の湯』支える雪国育ち」，越中おわら節同好会のブログの「京

華通りおわら」http://owara-doukoukai.cocolog-nifty.com/blog/2013/02/post-b66c.html
を参照。

(17) このほか，文京区のホームページ「観光スポット等」の「白山神社」http://www.city.bunkyo.lg.jp/bunka/kanko/spot/jisha/hakusan.html も参照。

(18) 2,500分の1地形図には，富士塚をあらわす等高線が示されていない。そこで著者は目測から求めた。

(19) 石段は開析谷と台地を結びつける形で，急斜面を利用してつくられた。

(20) 現在は早稲田大学の敷地になっているため，すぐ近くの水稲荷神社に移設されている。

参考文献

井上貴司（2012）：中学校地理におけるワンポイント巡検の実践—山陽女子中学校の周辺を事例として—. 松岡路秀・今井英文・山口幸男・横山　満・中牧　崇・西木敏夫・寺尾隆雄編『巡検学習・フィールドワーク学習の理論と実践—地理教育におけるワンポイント巡検のすすめ—』，古今書院，pp.90-97.

今井英文（2012）：高校地理におけるワンポイント巡検の実践—岡山市立岡山後楽館高等学校の例—. 松岡・今井・山口・横山・中牧・西木・寺尾編『巡検学習・フィールドワーク学習の理論と実践—地理教育におけるワンポイント巡検のすすめ—』，古今書院，pp.98-106.

東洋大学創立百年史編纂委員会編（1993）：『東洋大学百年史 通史編1』，東洋大学，1349p.

中牧　崇（2012）：大学の地理教育におけるワンポイント巡検の実践的考察—教職科目「地理学」の場合—. 松岡・今井・山口・横山・中牧・西木・寺尾編『巡検学習・フィールドワーク学習の理論と実践—地理教育におけるワンポイント巡検のすすめ—』，古今書院，pp.117-126.

文京区教育委員会（1990）：『文京のあゆみ—その歴史と文化—』，文京区教育委員会，352p.

文京区商店街連合会（2011）：『文京まち歩き帖 文京区商店街連合会六十周年記念誌』，文京区商店街連合会，127p.

文京ふるさと歴史館編（1995）：『江戸の新興宗教—文京区の富士講—』，文京ふるさと歴史館，48p.

文京ふるさと歴史館（2008）：『ぶんきょうの坂道 改訂版』，文京ふるさと歴史館，

168p.

正井泰夫監修（2003）：『図説 歴史で読み解く東京の地理』，青春出版社，95p.

松岡路秀（2012）：巡検等の学習の基礎的考察とワンポイント巡検の提唱，松岡路秀・今井英文・山口幸男・横山　満・中牧　崇・西木敏夫・寺尾隆雄編『巡検学習・フィールドワーク学習の理論と実践—地理教育におけるワンポイント巡検のすすめ—』，古今書院，pp.2-8.

松岡路秀・中里裕昭（2012）：中学校「身近な地域」の学習におけるワンポイント巡検の実践—神奈川県大和市立渋谷中学校周辺を事例として—．松岡・今井・山口・横山・中牧・西木・寺尾編『巡検学習・フィールドワーク学習の理論と実践—地理教育におけるワンポイント巡検のすすめ—』，古今書院，pp.72-79.

武蔵文化財研究所（2004）：『東京都文京区原町東遺跡—学校法人東洋大学新校舎建設に伴う埋蔵文化財発掘調査書—』，東洋大学，114p.

茂田井一人（2012）：中学校地理におけるワンポイント巡検の実践—1時間の授業でまわる学区域のフィールドワーク—．松岡・今井・山口・横山・中牧・西木・寺尾編『巡検学習・フィールドワーク学習の理論と実践—地理教育におけるワンポイント巡検のすすめ—』，古今書院，pp.80-89.

山内洋美（2012）：高校地理におけるワンポイント巡検の実践的考察—仙台平野の氾濫原における事例—．松岡・今井・山口・横山・中牧・西木・寺尾編『巡検学習・フィールドワーク学習の理論と実践—地理教育におけるワンポイント巡検のすすめ—』，古今書院，pp.107-116.

コラム4　現在も生きている文京区の旧町名

　地理教育巡検を含む地理学習で,地域の現状を理解するために「過去を知る」
ことの重要性については，コラム1でも記しました。本コラムでは，「過去を
知る」ための手がかりとして，1962年施行の住居表示に関する法律（住居表
示法）により，1960年代に廃止された文京区の旧町名に着目してみます。旧
町名は古い地図（例：旧版地形図）や図書（例：1967～1969年発行の『文京
区史』）などにも表示・掲載されていますが，現地を歩いてみると，容易に見
つけることができます。本コラムでは，3つの事例を取り上げてみます。

　1つめは，文京区が設置した「旧町名案内」の2種類の看板です。道路脇に
設置された看板の場合，左半分に旧町名の由来などの説明が記され，右半分に
旧町名の位置・範囲を示した地図が掲載されています。説明と地図（スケール
が示されていないのが残念です）の両方があることは，旧町名への興味・関心
を深めるうえでプラスです。塀に設置された看板の場合，サイズが小さいこと
もあり，旧町名の由来などの説明が手短に記されているだけですが，抹茶地に
白文字は落ち着いた感じを与えてくれます。東洋大学白山キャンパス（白山五
丁目）の最寄り駅のひとつ，都営地下鉄三田線の白山駅のA1出入口を出ると，
道路脇に「指ケ谷町」(1966年廃止)の看板があります。「指ケ谷」の由来として,
看板の説明には，三代将軍家光が鷹狩りに来たとき，「あの谷も遠からず人家
ができるであろう」と指で示したとする伝承が記されていますが，今尾恵介氏
は『地形図の楽しい読み方』(山と渓谷社，2010年)で，「指」(サス)に注目
したうえで，過去（注：近世以前）に焼畑が営まれていた可能性が高いとして，
指で示したとする伝承はこじつけではないかとしています。著者は今尾氏の焼
畑説のほうを支持しますが，家光の伝承からは近世における江戸と徳川幕府の
つながり，台地と谷の地形のつながりを思い起こしてくれます。

　2つめは,町会（町内会）の表示です。最もポピュラーなものが掲示板です。

コラム4　現在も生きている文京区の旧町名　79

白山キャンパスから西門を出ると，「原町町会」の掲示板をすぐ見つけることができます。「原町町会」の「原町」は旧町名の「原町」（1965年廃止）を意味します。「原町」の「原」は，近世以前にこのあたりには原が広がっていたこと（人物の名字でありません），「町」は近世に原だったところに市街地ができたことによります。それらを知らないまま，東洋大生が「原町町会」の文字を目にすると不思議に思うでしょう。なお，白山キャンパスの旧町名は「小石川原町」でした。掲示板と比較すると少数ですが，山車・神輿の収納庫の扉・シャッターにも注目すべきものがあります。今宮神社（音羽一丁目）の場合，収納庫の扉・シャッターに「音一」，「音二」……「音八」，「九櫻」が並んだような形で記されています。いずれも旧町名の「音羽一丁目」，「音羽二丁目」……「音羽八丁目」，「音羽九丁目」と合致した形での町会名です（表コラム4-1）。1967年の住居表示の変更後，「音羽二丁目」から「音二」に改称した町会（旧町名を完全消滅させないケース）もあれば，「音羽四丁目」のように改称しない町会（旧町名を維持し続けているケース）あります。ユニークなのは，旧町名では護国寺から江戸川橋へ（北から南へ）「音羽一丁目」，「音羽二丁目」……「音羽八丁目」，「音羽九丁目」となっていましたが，現町名では江戸川橋

表コラム 4-1　文京区音羽の町会名と町名

1966 年		2018 年	
町会名 [1]	町名	町会名 [2]	町名
音一文化会	音羽一丁目	音一文化会	音羽二丁目
音羽二丁目町会	音羽二丁目	音二町会	音羽二丁目
音羽三和会	音羽三丁目	音羽三和会	音羽二丁目
音羽四丁目町会	音羽四丁目	音羽四丁目町会	音羽二丁目
音羽五丁目町会	音羽五丁目	音羽五丁目町会	音羽二丁目
音六町会	音羽六丁目	音六町会	音羽一丁目
音羽七丁目町会	音羽七丁目	音羽七和会	音羽一丁目
音羽八丁目町会	音羽八丁目	音八会	音羽一丁目
九桜会	音羽九丁目と桜木町の一部	音羽九桜町会	音羽一丁目と小日向二丁目の一部

注（1）文京区役所編（1969）：『文京区史 巻五』による。
　（2）文京区町会連合会（2014）：『六十年のあゆみ 文京区町会連合会創立60周年記念誌』などによる。

から護国寺へ（南から北へ）「音羽一丁目」，「音羽二丁目」となっていること
です。なお，今宮神社の旧町名は「音羽九丁目」でした。

　3つめは，文京区立小学校の銘板です。白山キャンパスから西方向，千石二
丁目の住宅地のなかにある学校の前を歩くと，銘板には「文京区立 林 小学校」
とあります。小学校名の「林」は旧町名の「林町」（1966年廃止）を意味します。「林
町」の林は，武家屋敷の跡地や小石川御薬園（小石川御菜園，現小石川植物園）
に樹木が多かったとする説と，林大学頭の大名下屋敷があったことによる説が
あります（前者は人物の名字の説でありません）。2つの説は近世江戸の市街
地の形成と関係が深く，興味深いものがあります。なお，「林小学校」と向か
いあっている学校は「文京区立第十中学校」（千石二丁目）です。相当数の小
学校の校名が旧町名（ここでは「林町」）を用いているのに対して，相当数の
中学校の校名が数字（ここでは「第十」）を用いているのはユニークです。「林
小学校」に限らず，旧町名を小学校名にしているケースがいくつかみられます。
「旧町名案内」で紹介しました「指ケ谷町」の場合，「文京区立指ケ谷小学校」（白
山二丁目）が該当します。白山通りに「指ケ谷小入口」の交差点名があります
ので，この交差点を車や徒歩で行き来する機会が多い人にとって，「指ケ谷(町)」
はなじみがある旧地名といえるかもしれません。

＊本コラムのうち，町会（町内会）の表示をまとめるにあたり，日本女子大学附属
　豊明小学校の桑原正孝先生からご教示をいただきました。

第5章 台地と谷に着目した市街地での ワンポイント的巡検
──文京区内でのワンポイント巡検の応用 による実践

1. ワンポイント的巡検のテーマ・目標と事前学習

本章では，教職科目「地理学」の後期授業（1部：人文地理学B，2部：地理学B，地誌学B[1]）を履修している学生を対象に，台地と谷に着目した市街地でのワンポイント的巡検として，文京区内での実践（2011年11月20日［日曜日］）の内容を取り上げる。巡検対象地域（範囲）は，東洋大学白山キャンパスから南東にあたる文京区本郷界隈である。この巡検で「ワンポイント的巡検」としているのは，実施時間が大学の一授業時間90分を超えているうえ，集合・解散地点とも大学でないため，正確にはワンポイント巡検といい難いからである。しかし，ワンポイント巡検の趣旨をふまえ，その応用として実施したことから，ワンポイント巡検に準ずるものとして，「ワンポイント的巡検」という位置づけで捉えた。なお，大学におけるワンポイント的巡検の研究では，山口（2012）の実践の内容がある。

巡検対象地域である本郷界隈は，午前の白山界隈でのワンポイント巡検（第3章を参照）と同様，市街地が台地と開析谷において展開している。したがって，ワンポイント的巡検のテーマ・目標は午前のワンポイント巡検と同じにした。

〈テーマ〉

文京区本郷界隈における市街地の特色─台地と開析谷に着目して─

〈目　標〉

（ア）市街地の特色をつくりだすうえで，台地と開析谷が重要な役割をもっていることを理解する。

（イ）台地上の市街地と開析谷の市街地を結びつける坂道の存在に注目する。

（ウ）台地と開析谷での比較，台地内での比較，開析谷内での比較をとおして，市街地の土地利用・景観のちがいを理解する。

ワンポイント的巡検の参加学生13名（文学部・経済学部・法学部・社会学部・国際地域学部）のうち，11名が午前の白山界隈でのワンポイント巡検に引き続いての参加であった。参加学生には事前学習として，前期の授業の配布資料（地形図を扱った地図学習）で復習するように指示し，さらに，ワンポイント巡検の定義と意義について理解してもらうため，ワンポイント巡検の理論と実践の内容を扱った論文（松岡 2010，中里・松岡 2011）[2] を読んでおくように指示した。

2. ワンポイント的巡検のコースと地図
——10,000分の1地形図の使用を中心として

ワンポイント的巡検のコースは，東京メトロ南北線東大前駅（集合）から文京シビックセンター（解散）[3] までの約 2.5km の区間で，歩いて移動した。全体的に中山道（本郷通り，国道 17 号）と春日通り（国道 254 号）から外れた区間が多く，北東から南西へ移動するが，途中では折れ曲がる区間が多いため，進行方向がかなり目まぐるしくなる（図 5-1）。東大前駅は，白山キャンパスの正門から南東へ約 1.2km 離れている。観察ポイント①〜⑩（第 3 節を参照）のうち，⑨を除いた観察ポイントで立ち止まっての参加学生による地理的事象の観察，そこでの案内者（著者）の説明を加えると，所要時間は 85 分である。観察ポイント⑨では，常設展示のほか，開館 20 周年記念特別展「坂道・ぶんきょう展」（2011 年 10 月 22 日〜12 月 4 日）の開催期間であり，日曜日の混雑が予想されることから，見学時間を多めにとった。その結果，所要時間は 2 時間 30 分にした（集合 13 時 30 分，解散 16 時 00 分）。なお，コースは観察ポイント①〜⑩（第 3 節を参照）とあわせて，1998 年修正の 10,000 分の 1 地形図「上野」，「日本橋」の各一部に示した（図 5-1）。

当日の配布資料には，同じ地形図の計曲線（10m，20m）を太線でたどり，

第5章 台地と谷に着目した市街地でのワンポイント的巡検 83

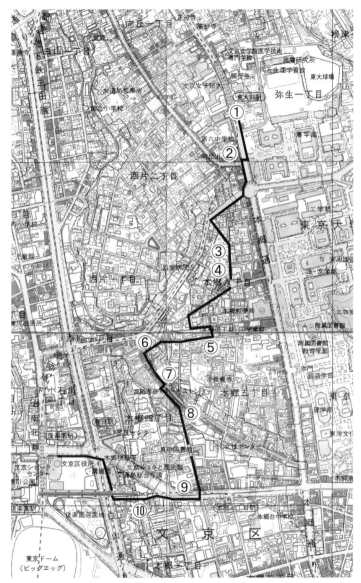

図5-1 ワンポイント的巡検のコース（10,000分の1地形図「上野」，「日本橋」を90％に縮小，1998年修正）
太線がコース，①〜⑩が観察ポイント（第3節参照）．

その数値をわかりやすく示したものを加えた。これにより，建物が密集した状態で表現されている本郷界隈であっても，台地と開析谷の具体的な形状や広がりが把握しやすくなる。このほか，新旧の市街地における土地利用を比較するため，1853（嘉永 6）年発行の江戸切絵図 [4]「小石川谷中本郷絵図」（以下，「絵図」）も使用した。

3. ワンポイント的巡検の観察ポイントと指導内容 [5]

（1）東京メトロ東大前駅（向丘二丁目，観察ポイント①）

　この駅は，営団地下鉄時代の 1996 年に南北線駒込～四ツ谷間が開業したときに新設されたものである。駅名が東京大学本郷キャンパス（弥生地区，弥生一丁目）からとったものであること，改札口の前に掲げられている看板のなかに，旅館群の案内（観察ポイント⑤を参照）の案内があることに気づかせた。なお，2012 年に旅館群の案内は撤去された。

　地下道を経由して 1 番出入口を出ると，弥生地区のキャンパスはすぐ目の前にある。この付近の地形が本郷台地であることを説明し，平坦な地形を観察させた。また，キャンパスの敷地は主に水戸殿の大名中屋敷であった（正井 1987）という市街地における土地利用の変遷について絵図から注目させた。

（2）本郷追分と高崎屋（向丘一丁目，観察ポイント②）

　観察ポイント②での主なねらいは，この付近の歴史的背景について気づかせることである。

　近世には日本橋を起点とする中山道の最初の一里塚があったこと（一里は約 4km），日光御成道とも呼ばれる岩槻街道（現本郷通り）の分岐点であったことから，本郷追分と呼ばれたことなどを説明し，現在も中山道（国道 17 号）と本郷通りは幹線道路として，車や人の往来がさかんなようすを観察させた。また，「追分」は道が 2 つに分かれることを示した地名であり，全国各地に存在することを説明した [6]。

分岐点には，1751（宝暦元）年創業の高崎屋（酒屋）が立地している。近世には江戸の市街地で創業した老舗であること，現金安売りの商法で周辺の武家屋敷や町人だけでなく，中山道沿いの板橋（板橋区）や川口（現埼玉県川口市）まで販路を拡大していたこと，両替商も兼業していたこと（文京区教育委員会1990，山田 2002）を説明した。現在の店舗は 1874（明治 7）年に竣工された木造 2 階建てである。かつて北隣には蔵があったが，1993 年には高崎屋が管理する 10 階建ての「高崎屋ビル」に建て替えられた。このビルのように，現在の本郷通り沿いでは 10 階以上の建物が目立つようすを観察させた。

(3) 本郷館跡（本郷六丁目，観察ポイント③）

観察ポイント③の本郷館跡は，3 階建て集合住宅（マンション，2013 年 1 月完成）の建設現場になっていた。かつての本郷館の写真 5-1 を示しながら，1905（明治 38）年に完成した木造 3 階建ての建物で，地方から上京した大学生に長年利用されてきた下宿屋であったこと（山田 2002）と，東京大学本郷キャンパス（本郷地区）の正門からわずか約 250m という立地条件について説明した。

1923（大正 12）年には関東大震災，1945 年には東京大空襲に遭ったが，建物は破壊されなかった。建築から 101 年経った 2006 年に家主は老朽化を理由に，建物を解体したい意向を表明した。当時の本郷館の住民たちは，改修工事により建物を保存する案を提示したが，家主の意向が変わることはなかった[7]。2011 年 3 月には東北地方太平洋沖地震（東日本大震災）が発生したが，建物は破壊されなかった。しかし，住民がすべて退去した同年 9

写真 5-1 かつての本郷館（2007 年 8 月撮影）
高橋（2007）によると，もとは「本郷旅館」であったが，東京女子高等師範学校（現お茶の水女子大学）の第二寄宿舎を経て，1919（大正 8）年に下宿屋になった。

写真 5-2　本郷館跡（2011 年 10 月撮影）
建物が解体されてから 1 ヶ月後のようす。現在ここには「本郷館」の名前がついた集合住宅（3 階）が建っている。

月には建物が解体された[8]。ワンポイント的巡検の実施当時，写真 5-2 のようにレンガの土台の一部が残存していたが，2012 年 5 月にはそれも解体された。

観察ポイント③でのねらいは，東京大学の近くという立地条件を活かして，かつて本郷界隈には，本郷館のような共同の炊事場・トイレのついた下宿屋，賄い付きの下宿屋が多数あったが，集合住宅（アパートやマンション）での個人生活を志向する大学生が増加したことなどから，しだいに減少していったという市街地の土地利用の変遷に気づかせることである。さらに，近世末期には本多美濃守の大名下屋敷であったことを，絵図を使用しながら説明し，近世・近代・現代という歴史的変遷にも着目させた。

（4）求道会館・求道学舎（本郷六丁目，観察ポイント④）

観察ポイント④では，大正期建築の求道会館・求道学舎を観察させた。
1902（明治 35）年に，浄土真宗の僧侶近角常観は本郷に信仰の拠点として求道会を創設した。敷地内には武田五一が設計した建物が 2 つある。1 つは，1915（大正 4）年に完成した求道会館（レンガ・鉄筋コンクリート造り 2 階建て）で，東京都の有形文化財に指定されている。外観はキリスト教の教会を思わせるが，会館内の大会堂の正面には和風の六角堂がまつられている[9]。2002 年には改修工事が完成した。もう 1 つは，1925（大正 14）年に完成した求道学舎（レンガ・鉄筋コンクリート造り 3 階建て）である。学舎は長い間学生寮として利用されていた。1999 年に学生寮は閉鎖されたが，2006 年には保存のための改修工事が完成した。現在は集合住宅になっている[10]。

2つの建物は，観察ポイント③のすぐ南に位置していることから，③と比較しながら説明した。

＊本郷六丁目の五差路から東（東京大学正門がある）をみると，手前では古い木造建築の一戸建ての住宅が残存しているのに対して，その奥は中山道に面していて，10階建て以上の建物（例：下の階は店舗・事業所，上の階は集合住宅）が目立つ。中山道に面しているかいないかにより，建物の高さが異なることに注意を促した。

（5）かつての旅館群（本郷五丁目・六丁目，観察ポイント⑤）

観察ポイント⑤でのねらいは，かつての旅館群の現在のようすを観察させ，立地条件や地域の変化に気づかせることである。

かつて本郷界隈には，下宿屋とともに旅館が多数あった。大学生を相手にした下宿屋から旅館に転業したケースもあれば，新たに旅館を開業したケースもあった。都心に近く，交通の利便性にすぐれている（上野駅・東京駅から比較的近い）ことは，本郷界隈の旅館（以下，「旅館」）にとってプラスであったことを説明した。高度経済成長期には東北地方や近畿地方を中心に，修学旅行で旅館に宿泊する生徒が増加したが，少子化の影響を受けたこと，交通機関の発達で修学旅行の行先が多様化したこと，宿泊先が旅館からホテルへ移行するようになったことなどから，旅館は厳しい状況を迎えた（文京ふるさと歴史館1999）。

ワンポイント的巡検では，2011年7月に廃業したF旅館の建物が解体され，更地になっていたことや，同年8月に廃業したT旅館の建物（和風建築）が解体されていなかったようすを観察させた[11]。2011年11月当時，ワンポイント的巡検のコース上において，営業を続けていた旅館はいずれも和風建築であり，文京区内を通る鉄道の駅前や駅の近くにみられるホテルの洋風建築とは対照的であることを確認させた（写真5-3）。これらの旅館では，さまざまな宿泊プランの導入，外国人宿泊客の受け入れ，インターネットを利用したPRなどの工夫を行っている。

写真 5-3　本郷六丁目に建つ旅館・鳳明館本館（2007年 8 月撮影）
本館のほか，本郷五丁目と六丁目にそれぞれ別館をもつ。本郷界隈で旅館が減少するなかにあっても，鳳明館は健在である。

旅館の周りは住宅地域（一戸建て住宅の場合，主に 2 階建て）になっていて，そのなかには旅館跡に建設された集合住宅，下宿屋として利用されていた建物があり，それらも観察させた。

(6) 胸突坂（むなつきざか）（本郷五丁目，観察ポイント⑥）

観察ポイント⑥でのねらいは，台地と谷の地形のようすを観察させること，その間にある急坂を体感させること，坂名の由来を知ることである。

本郷台地の西端（標高 21m，旅館・鳳明館（ほうめいかん）本館の脇）から谷底（標高 10m，菊坂と交差する地点）までの区間は約 80m と短く，急坂を左へカーブしながら降りていく。坂名の由来は，胸を突くような急坂であることによる（文京ふるさと歴史館 2008）。また，本郷台地の西端部から見下ろし，起伏にきわめて富んだ地形を観察させた。

なお，文京区内には，西片（にしかた）二丁目と白山一丁目の間と，関口（せきぐち）二丁目と目白台（めじろだい）一丁目の間に同名の坂がある（後者は第 7 章第 3 節 [観察ポイント⑤] を参照）。

＊胸突坂から左折して菊坂のゆるやかな上り坂に入ると，すぐ左手には 1982年まで富士屋質店（樋口一葉（ひぐちいちよう）が通ったことで知られる）として使用されていた建物がある。建物のうち，土蔵は 1887（明治 20）年に東京府足立郡鹿浜村（あだちしかはま）（現東京都足立区鹿浜）から移築，店舗は 1907（明治 40）年に建築されたものである[12]。

(7) 菊坂と路地（本郷四丁目・五丁目，観察ポイント⑦）

観察ポイント⑦でのねらいは，観察ポイント⑥に引き続き，台地と谷，坂を観察・体感させること，坂名の由来を知ること，谷のなかにおける住宅地の景観を観察させることである。

菊坂下交差点（標高 9m）から本郷通りの「別れの橋」跡（標高 20m 弱）までの区間は約 700m と長く，自転車で比較的容易に上がれるゆるやかな坂である。菊坂は左へゆるやかにカーブし，本郷通りが見えないため，坂の距離がいっそう長いように感じる。ワンポイント的巡検では坂の一部区間を歩いた。坂名の由来は，近世に坂とその周りに菊畑があったことによる（文京ふるさと歴史館 2008）。また，菊坂が通っている谷は開析谷であることを確認させた。

写真 5-4　菊坂に面して立ち並ぶ住宅地など（2011 年 10 月撮影）
手前の菊坂に沿うような形で，土地・建物面積が狭い住宅地などが多く建ち並ぶ。中央奥，本郷台地の上に建つ集合住宅（観察ポイント⑧を参照）とは対照的な景観である。

写真 5-5　菊坂の路地のなかに建つ住宅地の一部（2011 年 10 月撮影）
樋口一葉旧居跡のそばの路地には，写真のような木造 3 階建て住宅もみられ，昭和戦前の風情が残る。

本郷台地の上に建つ住宅地（観察ポイント③～⑤の周り）と比較すると，菊坂の開析谷のなかに建つ住宅地は密集度が高いうえ，土地・建物面積が狭い傾向にあるようすを観察させた（写真5-4, 5）。ここでの陽当たりはよくない。また，菊坂の南に並行して路地がある。この路地は菊坂よりさらに低い位置を通っていることから，元の河道の一部であったと考えられることを説明した。この路地に面して，樋口一葉住居跡，宮沢賢治住居跡がある。

(8) 炭団坂（本郷四丁目，観察ポイント⑧）

　観察ポイント⑧でのねらいは，急坂を体感させること，坂名の由来を知ること，台地上の住宅地の景観を観察させることである。

　菊坂の南の路地（標高10m）から本郷台地の西（標高20m，坪内逍遥住居跡の脇）までの区間は短く，急坂である。そのため，菊坂の開析谷から本郷台地にかけての起伏にきわめて富んだ地形を観察しやすい。坂名の由来では，ここで炭団[13]を売る人が多かったといわれていること，急坂から炭団のように真っ黒になって転げ落ちた人がいたといわれていること（文京ふるさと歴史館2008）を説明した。現在は階段（53段）になっていて，転倒防止のための手すりが設置されていることに注意を促した。

写真5-6　本郷台地の上に建つ住宅地の一部（2011年10月撮影）
自動車の往来が多い春日通りから少し北にはずれただけで，写真のような住宅地がみられる。

　本郷台地の上に建つ住宅地は，菊坂の開析谷のなかに建つ住宅地よりも，土地・建物面積が広い傾向にあるようすを観察させた（写真5-6）。また，炭団坂の上（すぐ西）にある道路から北（観察ポイント⑦）を観察させることにより，本郷台地の上に建つ住宅地との景観の比較も行わせた。

　炭団坂の上（すぐ東）には，写真5-4の中央奥に見える集

合住宅が建っている。2010年に完成したこの住宅は，南が13階建て，北が6階建てと高さが異なる。これは，観察ポイント⑦に建つ住宅地の陽当たりがいっそう悪くならないように配慮した結果であることを説明した。

(9) 文京ふるさと歴史館（本郷四丁目，観察ポイント⑨）

1991年に開館した文京区の郷土博物館。地下1階は特別展などの開催時に限り，立ち入ることが可能である。1階と2階は常設展示であり，1階の「出会いの場」には「私たちの暮らしの舞台」（映像システム），「文京のあけぼの」，「大江戸づくりと文京」，「近代から現代への歩み」のコーナーが設置されている。また，2階はテーマ展示になっていて，「まちの風景」，「くらしの風景」，「文化の風景」のコーナーが設置されている。なお，開館20周年の特別展図録「坂道・ぶんきょう展」は地下1階で開催していた（図5-2）。

図5-2 特別展図録「坂道・ぶんきょう展」（2011年）の表紙
PR用のポスターやチラシも，この図録の表紙と同じである。

「歴史館」と名づけられた博物館であっても，地理の学習にも役立つことを，今回の見学を通して認識させた。

＊春日通りを横断するときに東をみると，東京スカイツリー（墨田区，2012年2月完成）が見える。

(10) 旧東富坂（きゅうひがしとみざか）（本郷一丁目，観察ポイント⑩）

観察ポイント⑩でのねらいも，観察ポイント⑥と同様，台地と谷の地形のようすを観察させること，その間にある急坂を体感させること，坂名の由来を知ることである。

本郷台地の西端（標高20m，東富坂との分岐点）から谷底（標高6m，白山通りと交差する地点）までの区間は短く，急坂である。この谷も開析谷で，本郷台地と小石川台地の間に挟まれたような形になっている。かつて開析谷のな

かには小石川が流れていたことを説明した。

　従来はこの坂が東富坂であったが，1906（明治39）年に東京鉄道の路面電車[14]を通すために北に新しい坂が建設された。その結果，もとの東富坂が旧東富坂に，新しい坂（現春日通りの一部）が東富坂に変更された。坂名の由来は，近世にこの付近は樹木が生い茂り，鳶が多くやってきたため，「とび坂」とよばれていたのが，その後「とみ坂」（富坂）に転じたといわれていることによる（文京ふるさと歴史館 2008）。

　東富坂との分岐点付近から西方向（東京メトロ丸ノ内線後楽園駅）をみると，起伏にきわめて富んだ地形を観察することが可能である。旧東富坂のすぐ北には丸ノ内線が並行している。丸ノ内線はトンネルで本郷台地を通るが，地上に出ると急勾配を避けるため，開析谷の部分を高架で通る。そのため，丸の内線と旧東富坂を対比させながら，起伏にきわめて富んだ地形を観察することも可能である。

＊解散地点の文京シビックセンターの前で，シビックセンターは地下鉄4路線の駅から非常に近いこと（東京メトロ後楽園駅［丸ノ内線，南北線］，都営地下鉄春日駅［三田線，大江戸線］）を説明してから，シビックセンターから春日通りを挟んだすぐ北で10階建て以上の建物（事業所や集合住宅）が目立つようすを観察させた。

4. ワンポイント的巡検に対する参加学生の反応

　参加学生には，実施直後のアンケート（レポートと兼用）を課した。本節はアンケートに記された内容をもとに，参加学生の反応を紹介し，考察したものである。

　参加学生の全員は，本郷界隈における市街地の特色の理解を深めることができたと回答していた。とくに，観察ポイント⑧の炭団坂では，本郷台地の市街地と菊坂の開析谷の市街地の景観に明瞭なちがいがあることに大きな関心を

もった学生が複数いた。そのなかには，建物面積が狭く，かつ駐車スペースがない木造住宅が菊坂の開析谷に比較的多いことに気づいた学生もいた。

　同じ本郷台地であっても，観察ポイント②（高崎屋）が建つ岩槻街道を南西へ少しはずれると，閑静な住宅地のなかに，観察ポイント③〜⑤がある。観察ポイント③，④の前で，学生は両者を比較しながら，古い建物を維持することの意義と困難さを感じ取っていた。なお，観察ポイント⑤では，住宅地のなかに旅館が多数立地していたことについて，不思議に感じていた学生が多かったが，立地条件について説明すると，納得していた。

　また，観察ポイント⑥〜⑧，⑩の坂道を中心に，地形図と照らし合わせながら観察したことで，地形の高低差を体感できたことを記した学生も複数いた。これは，等高線の間隔に注意を払ったためと考えられる。さらに，学生は観察地点⑨での「坂道・ぶんきょう展」の写真[15]や坂名から，過去の景観や人びとの暮らしに思いをはせていた。

　本郷界隈は白山キャンパス周辺であっても，第2節で述べたように，同キャンパスの正門から観察ポイント①まで南東へ約1.2km離れている。本郷の地名や場所は知っていても，そこに自宅やアルバイト先などが存在しない限り，白山キャンパスで学ぶ学生にとって，本郷界隈は一般的になじみがうすい地域である。しかし，アンケートには意欲的な姿勢で本郷界隈を観察していたことがうかがえる内容が多くみられた。そのなかには，本郷界隈と白山界隈の市街地の景観のちがいを古い建物の存在だけでなく，台地や開析谷の存在から言及した学生もいれば，本郷界隈のコースを後日再び歩いてきたときの市街地のようすを記した学生もいた。

　したがって，今回のワンポイント的巡検の実施にあたり，第1節で記した3つの目標に達成したといえる。

5. おわりに

　今回のワンポイント的巡検は，集合・解散地点とも大学でないため，大学の

一授業時間 90 分で実施することが不可能である。しかし，参加学生が本郷界隈の内部での比較だけでなく，本郷界隈と白山界隈も比較していたことは大きな収穫であった。これは，参加学生の大半が同日午前に実施した白山界隈におけるワンポイント巡検に引き続いての参加であったためと考えられる。このことを考慮しても，ワンポイント的巡検による学習の成果は大きいといえる。清水（1994）は，地域を比較する重要性について考えることが，地域の再発見につながるうえ，地域の見方に関する問題に目を向ける契機にもなると指摘している。著者は，参加学生が地域を比較する重要性について今後も考え続けてくれることを期待している。

　今回のワンポイント的巡検では，文京ふるさと歴史館の見学時間を入れたように，90 分を大幅に超える場合，コースのなかに巡検のテーマと関係が深い施設の見学時間を設けることは，地域の理解をいっそう深めるうえで有効である。また，巡検での観察ポイントの内容に精通している地元の方へのインタビューや聞き取りの時間を設けることも，学生に地域調査の方法を直に理解させるうえで有効である。これらは半日巡検のなかで必要に応じて対処するとよいであろう。さらに，集合・解散地点のどちらかを大学にすることや，集合・解散地点とも大学で，途中で巡検のテーマと深い施設に立ち寄ることなど，さまざまなバリエーションによるワンポイント的巡検の実践もあってもよい。以上のような実践は，地理教育巡検の幅を広げるうえで意義が大きいと考える。

付記

　本章は，「大学の地理教育におけるワンポイント的巡検の実践的考察―教職科目「地理学」の場合―」地理教育研究，第 13 号（2013 年 10 月）をもとに加筆・修正したものである。

注

（1）第 3 章の注（1）を参照。
（2）第 3 章の注（6）を参照。
（3）文京シビックセンター（文京区役所が入っている）の所在地は春日で，本郷界隈から少しはずれるため，観察ポイントの対象外とした。

(4) 2002年に人文社から発行された『切絵図・現在図で歩く江戸東京散歩』を使用した。

(5) 全体的な内容については，中牧（2008）によるところが大きい。

(6) 具体例として，長野県北佐久郡軽井沢町追分を説明した。ここは中山道と北国街道が2つに分かれる地点であり，中山道の宿場町・追分（江戸から数えると20番目）が設置された。なお，この近くにはしなの鉄道（旧JR信越本線）の信濃追分駅がある。

(7) 2007年4月26日付「朝日新聞」の「名残尽きぬ本郷館　100年続く巨大下宿取り壊し計画」などによる。

(8) 2011年7月30日付「朝日新聞」の「下宿「本郷館」解体へ　築106年「見納め寂しい」惜しむ声」，2011年8月30日付「産経新聞」の「赤門のおひざ元から赤字下宿と旅館消え にぎわい今は昔…震災も影響，界隈わずか5軒に」，2011年10月1日付「読売新聞」（都民版）の「近代建築ピンチ23区内30年で73％消失」などによる。

(9) 詳細は求道会館のホームページ http://www.kyudo-kaikan.org/ を参照。

(10) 求道学舎の保存の意義，集合住宅としての再生と活用についての詳しい内容は，近角（2008）を参照。

(11) 前掲（8）のうち，2011年8月30日付「産経新聞」による。著者がワンポイント的巡検の実施前（下見）と実施後に現地調査したところ，F旅館の建物は2011年10月に，T旅館の建物は2012年11月にそれぞれ解体された。なお，ともに跡地には5階建ての集合住宅が建っている。

(12) 建物の維持・管理が困難になった所有者が土地・建物を売りに出したことで建物の保存が危ぶまれていたが，2015年に跡見学園女子大学が文京区の補助を得たうえで所有者から土地・建物を購入し，保存・活用されることになった（2015年3月11日付「朝日新聞」の「樋口一葉が通った質店，跡見女子大が購入へ 保存へメド」による）。

(13) 粉末の状態になった木炭を，フノリなどの海藻を用いて，丸い状態に整形した固形燃料。1950年代後半まで家庭の燃料として，さかんに利用されていた。また，雪だるまをつくるときの目玉にも利用されていた。

(14) 1908（明治41）年に開通した東京鉄道富坂線の区間である。1911（明治44）年から東京市電富坂線，1943（昭和18）年から東京都電富坂線として営業していたが，1971年に廃止された（東京都交通局1981，2011）。

（15）同一地点における新旧の坂道の写真（1979 年度撮影，2007 年度撮影）をさす。

参考文献

清水幸男（1994）：身近な地域に目を向けよう，清水幸男編『地域と生活―「身近な地域」の調べ方・教え方―』，古今書院，pp.11-41.

高橋幹夫（2007）：『本郷館の半世紀』，高橋幹夫，22p.

近角櫻子（2008）：『求道学舎再生―集合住宅に甦った武田五一の大正建築―』，学芸出版社，199p.

東京都交通局（1981）：『東京都交通局 70 年史―再建 10 年の歩み―』，東京都交通局，352p.

東京都交通局（2011）：『都営交通 100 周年 都電写真集』，東京都交通局，159p.

中里裕昭・松岡路秀（2011）：中学校「身近な地域」におけるワンポイント巡検の実践的考察―神奈川県大和市立渋谷中学校周辺を事例として―，地理教育研究，第 8 号，18-24.

中牧　崇（2008）：身近な地域における地理教育巡検―東京都文京区本郷界隈を事例として―，地理教育研究，第 1 号，pp.79-85.

文京区教育委員会（1990）：『文京のあゆみ―その歴史と文化―』，文京区教育委員会，352p.

文京ふるさと歴史館（1999）：『なつかしの修学旅行―本郷旅館繁盛記―』，文京ふるさと歴史館，7p.

文京ふるさと歴史館（2008）：『ぶんきょうの坂道　改訂版』，文京ふるさと歴史館，168p.

正井泰夫（1987）：『城下町東京―江戸と東京との対話―』，原書房，217p.

松岡路秀（2010）：地理教育における巡検学習論の構築とワンポイント巡検の提唱，地理教育研究，第 7 号，pp.1-7.

山口幸男（2012）：教員養成学部の社会科指導法等の科目におけるフィールドワーク，巡検の実践」，松岡路秀・今井英文・山口幸男・横山　満・中牧　崇・西木敏夫・寺尾隆雄編『巡検学習・フィールドワーク学習の理論と実践―地理教育におけるワンポイント巡検のすすめ―』，古今書院，pp.234-242.

山田喜一（2002）：本郷・お茶の水・神保町―大学と古書店街―，全国地理教育研究会監修『エリアガイド 地図で歩く東京 I 東京区部東』，古今書院，pp.42-45.

コラム5　文京区内の集合住宅の名前・チラシから
　　　　　見えてくること

　1990年代後半以降の都心回帰の影響を反映して，東京都区部では減少して
いた人口が増加に転じるようになり，集合住宅（マンション）の立地が顕著に
なりました。文京区も例外ではありません。この前までは，個人商店（1階が
店舗，2階が住宅）が複数並んでいたのが，現在，商業地が卓越する道幅の比
較的広い通りでは10階建て以上の集合住宅，閑静な住宅地が卓越する道幅の
比較的狭い通りでは3〜4階の集合住宅になっている光景を，あちこちで目に
するようになりました。
　著者が地理教育巡検の下見などで文京区内を歩く場合，集合住宅では建物の
階数，低層階の利用が店舗か住宅かを確認するだけでなく，入口の銘板や屋上
の看板などに掲げられた名前（住宅名）にも関心を払っています。そのとき，
集合住宅の工事現場のフェンスや，完成済みの集合住宅の脇に設置されている
透明のケース（「ご自由にお取りください」の表記があります）から集合住宅
のチラシを取っています。集合住宅に入居することが目的ではありませんが，
A1サイズで4つ折り，A3サイズで2つ折りなどのチラシにはさまざまな情報
が掲載されていますので，地理教育巡検の教材研究にも役立ちます。なお，白
山キャンパスで購読している新聞の折り込みのなかには，集合住宅のチラシが
必ずといっていいほど入っています。定量的に調査したわけではありませんが，
文京区内の集合住宅の名前・チラシから興味深いことが見えてきました。
　集合住宅の名前をみると，地名（地区名）や最寄り駅がついたものに加え
て，「六義園」（庭園），「小石川後楽園」（庭園），「小石川植物園」のように，
緑の豊かさをイメージしやすいものが大半です。そのなかで，「六義園」の名
前がついた集合住宅は，本郷通りに面した西部分（その西隣が庭園です）と道
路を挟んで庭園と向かい合った南部分に集中しています。これらの集合住宅の
住所は，庭園と同じ文京区本駒込です。また，本郷通りに面した東部分とその

路地裏に立地する集合住宅の住所は，庭園と異なり豊島区駒込になりますが，ここでも「六義園」の名前がついたものが目立ちます。集合住宅からすぐ近くにある庭園の名前をつけることにより，イメージアップにつながると考えるデベロッパーの経営戦略がうかがえます。なお，山手台地の上に立地する集合住宅のなかには，日当たり良好な高台をアピールするため，「山手」あるいは「山の手」の名前のついたものもあります。「山手」でなく，「山の手」の表記にすると，ソフトなイメージもします。さて，小石川の谷のなかに立地する集合住宅のなかには，「茗荷谷」の名前がついたものも目立ちます（図コラム 5-1）。

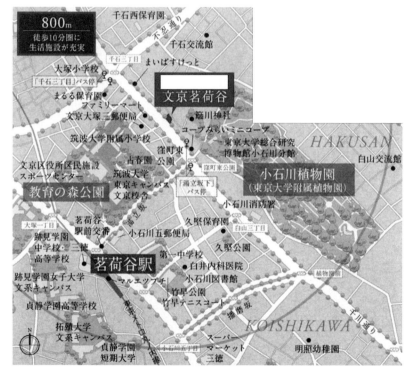

図コラム5-1　「茗荷谷」の名前がついた集合住宅のチラシの現地案内図の例（2015年）
茗荷谷駅から徒歩9分の集合住宅は茗荷谷の谷でなく，小石川の谷のなかに立地している。小石川植物園や教育の森公園のように，緑地の多いところは緑色で表現されている。なお，円は集合住宅から半径800mの場所に表示されている。

この「茗荷谷」の由来は地形でなく，最寄りの茗荷谷駅です。しかしデベロッパーは，駅名に緑がみられる地形を多少なりともイメージしたのでしょう。地形の茗荷谷は茗荷坂を下った谷の部分で，茗荷谷駅から南方向に位置します。いっぽう，小石川の谷は茗荷谷駅から北方向に位置しますが，茗荷谷は小石川の谷の一部分と思っている人もいるかもしれません。

　集合住宅のチラシをみると，空中写真では集合住宅（とその最寄り駅）の位置を文字や矢印などで示したケースが多くみられますが，斜めのアングルで撮影したものは印象的でした。すなわち，手前（近く）に集合住宅，奥（遠く）に中心業務地区の高層建築群が写っています。あるチラシでは，集合住宅の部分が白い光を浴びたように加工されています。まるで集合住宅が自己主張しているようです。また，集合住宅の最寄り駅と中心業務地区の最寄り駅を乗り換えなしで結ぶ鉄道のルートが太線で挿入されていますので，自宅（集合住宅）から勤務先（中心業務地区）まで短時間で行けることが視覚的にわかります。さらに，手前を中心に庭園，植物園，面積の広い公園も写っていますので，集合住宅の周りは緑が豊かであることが視覚的にわかります。なお，緑の豊かさを強調するため，集合住宅の正面・敷地内で撮影された地上写真，コンピュータグラフィックスで作成された集合住宅の完成予想図には植栽が入っているケースが目立ちます。このほか，台地に立地する10階建て以上の集合住宅のチラシに限定されますが，台地と低地の標高，崖が一目でわかる断面図（概念図）が出てきたことは印象的でした。この図を通して，文京区は地形の起伏が大きいことを認識する人もいるかもしれません。断面図には集合住宅だけでなく，主な建物（例，東京ドーム）や最寄り駅・最寄りの幹線道路が入っています。また，庭園，植物園，面積の広い公園には樹木で覆われた状態で表現されています（これも緑の豊かさを強調？）。この図がなければ，「高台立地」，「上層階からの開放感のある眺望」の紹介文が入っていても，今一つ説得力に欠けてしまうでしょう。

第6章 台地と谷に着目した市街地での半日巡検
——文京区中部〜西部での実践

1. 半日巡検のテーマ・視点と事前学習

　本章は，教職科目「地理学」の前期の授業（1部：人文地理学 A，2部：地理学 A，地誌学 A [(1)]）を履修している学生を対象に，台地と谷に着目した市街地での半日巡検として，文京区中部〜西部での実践（2010 年 6 月 6 日［日曜日］）の内容を取り上げたものである。巡検対象地域は，東洋大学白山キャンパスから西部，文京区白山〜大塚間である。

　半日巡検のテーマは，「文京区白山〜大塚間の地域的特色の理解」である。第3章と第4章で記したが，白山駅あるいは本駒込駅を利用する学生は，キャンパスが白山界隈の市街地のなかに位置し，そのすぐ周りには坂道があることを認識している。これは起伏に富んだ地形，すなわち台地のなかに開析谷が存在していることによるものである。このような地形は文京区内で多く存在し，地域的特色をつくり出すうえで重要な役割をもっているが，そこまで認識している学生は文京区出身・在住でない限り，ほとんどいないと考えられる。そこで，小学校→中学校→高等学校→大学に進むにつれて生活圏が拡大することを踏まえて，半日巡検では「学校の周り」の範囲を広げて [(2)]，起伏に富んだ地形がくり返し続く文京区白山〜大塚間とした（図 6-1）。

　半日巡検の視点は次の4点である。なお，（イ）は台地と開析谷と関係が深い視点でもある。また，（ウ）と（エ）は人文的な事象の側面が強いが，自然的事象（台地と開析谷）と関係が深い視点でもある。

　　（ア）台地と開析谷の起伏に富んだ地形と坂道

　　（イ）消失した河川と残存する湧水

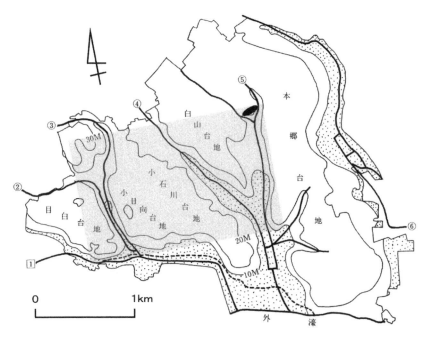

図 6-1　文京区における台地と谷（文京区教育委員会, [1990] に加筆）
▨ は図 6-2 のおおよその範囲である。
①神田川, ②弦巻川, ③音羽川, ④小石川, ⑤東大下水, ⑥藍染川（①以外は現存しない）。
破線は神田用水である（現存しない）。
● は東洋大学白山キャンパスである。

（ウ）近世から現在までの土地利用の変化
（エ）都市景観の地域的特色

参加学生（計 20 名, 文学部・経営学部・社会学部）には事前学習として, 授業の配布資料（地形図を扱った地図学習）で復習するように指示した。また, 白山キャンパスの建物がどのような地形に位置しているか, 建物のなかを中心とした移動ではそれがわかりにくいため, キャンパスのすぐ周りの道路を歩いてもらうように指示した [3]。

2. 半日巡検のコースと地図
——10,000 分の 1 地形図の使用を中心として

　半日巡検のコースは，薬師坂（集合地点の白山駅の出入口の前）から小石川植物園，東京メトロ茗荷谷駅などを経由して，護国寺（解散地点の東京メトロ護国寺駅の出入口のそば）まで約 7km の区間（図 6-2）で，歩いて移動した。観察ポイントで立ち止まっての参加学生による地理的事象の観察，そこでの案内者（著者）の説明のほか，昼食時間，休憩時間を加えると，所要時間は 6 時間である（集合 10 時 30 分，解散 16 時 30 分）。コースの設定では，台地と開析谷を東から西へ横断する形をとることにより，地形の起伏を実感しやすくした。なお，コースは観察ポイント①〜⑭（第 3 節を参照）とあわせて，1998 年修正の 10,000 分の 1 地形図「池袋」，「上野」の一部に示した（図 6-2）。

　当日の配布資料には，図 6-2 と同じ地形図の計曲線（10m，20m，30m）を太線でたどり，その数値をわかりやすく示したものを加えた。これにより，半日巡検の視点（ア）を把握しやすくなる。また，半日巡検の視点（イ）〜（エ）では，現在だけでなく，過去にもさかのぼって理解させるため，以下の異なる時代の地図を使用した。
・近世末期：1857（安政 4）年（改）発行の「東都駒込辺絵図」，「東都小石川絵図」，「雑司ヶ谷音羽絵図」[4]
・明治初期：1880（明治 13）年測量の 20,000 分の 1 迅速測図[5]「下谷区」の一部（以下，「迅速測図」），1883（明治 16）年測量の 5,000 分の 1 東京図「東京北部」の一部（以下，「東京図」）
・明治後期：1909（明治 42）年測図の 10,000 分の 1 地形図「早稲田」，「上野」の各一部（以下，「地形図 A」）
・昭和初期：1929（昭和 4）〜 1930（昭和 5）年修正測図または測図の 10,000 分の 1 地形図「早稲田」，「上野」の各一部（以下，「地形図 B」）
・昭和中期（1950 年代後半）：1956 〜 1957 年修正の 10,000 分の 1 地形図「池袋」，「上野」の各一部（以下，「地形図 C」）
・現在：1998 年修正の 10,000 分の 1 地形図「池袋」，「上野」の各一部（以下，「地形図 D」［図 6-2］）

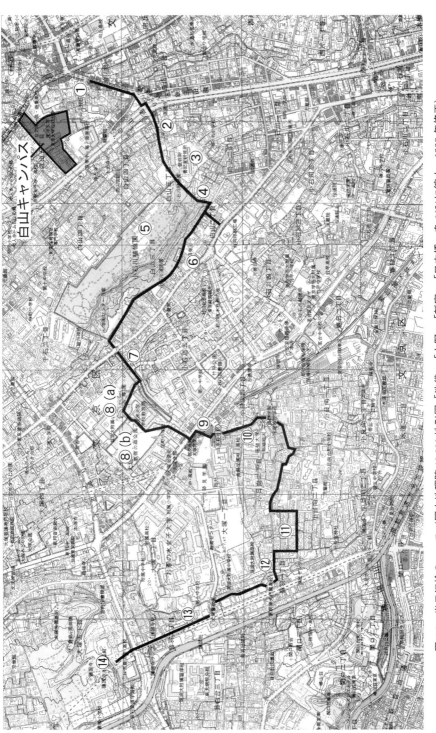

図 6-2 半日巡検のコース（国土地理院 10,000 地形図「池袋」,「上野」,「新宿」,「日本橋」を 66%に縮小, 1998 年修正）
太線がコース、①〜⑭が観察ポイント（第 3 節を参照）。ただし、ポイントの③、⑤、⑭では、敷地内のコース（の一部）を示していない。東洋大学白山キャンパスの範囲は 2010 年当時。

3. 半日巡検の観察ポイントと指導内容

(1) 薬師坂（白山一丁目・五丁目，観察ポイント①）[6]

観察ポイント①でのねらいは，台地と谷の地形のようすを観察させること，その間にある急坂を体感させながら，市街地の景観を観察させること，坂名の由来を知ることである。

薬師坂は，本郷台地の南端（標高22m，白山上交差点）から指ヶ谷の開析谷（標高11m，白山下交差点）までの区間にあり，起伏に富んだ地形を観察しやすい。坂名の由来は，白山上交差点のすぐ近くの妙清寺に薬師堂があることによる（文京ふるさと歴史館2008）。開析谷のなかにはかつて河川（東大下水）が流れていた。この河川が長い年月をかけて本郷台地を侵食した結果，指ヶ谷の開析谷の一部が形成されたことを，図6-1，迅速測図から確認させた。

薬師坂は旧白山通りの一部になっているうえ，都営地下鉄白山駅の出入口が白山上と白山下にそれぞれ設置されているように，交通の利便性にすぐれているため，10階建て前後の建物（例：下の階は店舗・事業所，上の階は集合住宅）が目立つようすを観察させた。また，白山上交差点から白山下交差点を見下ろすことにより，さらに，白山駅の白山下出入口あるいは白山下交差点から白山上交差点の方向を振り返ることにより，起伏に富んだ地形を観察させた（写真6-1）。

＊白山通りを横断するとき，南南東が少しずつ下り坂になっていることや，交差点か

写真6-1 白山駅（白山下出入口）から白山上交差点の方向を振り返る（2010年6月撮影）
2010年当時，白山上交差点の角（写真中央の奥）では高層建築（下の階は店舗，上の階は集合住宅）が建築中であった。もし，両側に街路樹がなければ，殺風景な市街地の坂道の景観になっていたであろう。

ら南南東の白山通りでは 10 階建て以上の建物が多いようすを観察させた。

（2）蓮華寺坂（白山二丁目・四丁目，観察ポイント②）[7]

　観察ポイント②でのねらいは，台地と谷の地形のようすを観察させること，その間にある急坂を体感させながら，市街地の景観を観察させること，坂名の由来を知ることである。

　蓮華寺坂は，指ヶ谷の開析谷（標高 11.9m，白山通りの白山下交差点）から白山台地の東端（標高 23m，小石川白山教会・愛星幼稚園前）までの区間にある。坂名の由来は，白山下交差点の近くに蓮華寺があることによる（文京ふるさと歴史館 2008）。右へのカーブが終わるまで急坂が続く。このカーブや坂の上から振り返ることにより，起伏に富んだ地形のようすを観察させた。坂の下までは白山通り沿いに 10 階建て前後の建物が多くみられるが，坂の上では 2 〜 4 階建ての建物が多くみられるようすを観察させた。なお，2 〜 4 階建ての建物の北には閑静な住宅地が広がっていて，近世末期には武家屋敷であったことを「東都駒込切絵図」から確認させた。

（3）東洋大学白山第 2 キャンパス（白山二丁目，観察ポイント③）[8]

　観察ポイント③でのねらいは，市街地における土地利用の変遷について注目させること，白山第 2 キャンパスがある台地から谷のようすを観察させることである。

　近世末期には松平備中守の大名中屋敷であったことを「東都駒込切絵図」から，明治期以降には中屋敷が教育用地，官用地に転用されたことを地形図 A 〜 D から確認させた [9]。第 2 キャンパスは 2006 年に法科大学院が使用をはじめた。2009 年には板倉キャンパス（群馬県邑楽郡板倉町）から国際地域学部が移転してきたこともあり，第 2 キャンパスは活気がみられるようになってきたことを説明した。

　第 2 キャンパスは白山台地の西端に位置するため，キャンパス西端のフェンスから，小石川の開析谷のなかに住宅などが密集しているようすを観察させた。一戸建て住宅（2 階建て）の屋根がキャンパスの地面よりもわずかに低くなっ

ていることから，起伏に富ん
だ地形のようすも観察させた
（写真 6-2）[10]。

（4） 御殿坂（白山二丁目・三丁目，観察ポイント④）

観察ポイント④でのねらい
は，台地と谷の地形のようす
を観察させること，その間に
ある急坂を体感させること，
坂名の由来を知ることである。

御殿坂は，白山台地の西端
（標高 24m，東洋大学第 2 白
山キャンパス正門前）から小
石川の開析谷（標高 10m，小
石川植物園の入口そば）まで

写真 6-2　東洋大学白山第 2 キャンパス（当時）の西端（2010 年 7 月撮影）
第 2 キャンパスは白山台地の西端，手前の住宅地などは小石川の開析谷のなかに位置する。現在，東洋大学京北中学校高等学校・京北学園白山高等学校（ともに学校法人東洋大学）になっているうえ，騒音対策で高いフェンスが設置されたため，同じアングルでの撮影が不可能になった。

の区間にある。坂名の由来は，館林藩の大名下屋敷（白山御殿とも呼ばれる，現小石川植物園）があったことによる（文京ふるさと歴史館 2008）。なお，この下屋敷には第 5 代将軍就任前の徳川綱吉が住んでいたことでも知られる。小石川植物園の塀の段差は，地形の起伏を確認する手がかりになり得ることを説明した（写真 6-3）。急坂であり，途中で左へのカーブが入る。また，カーブの途中で振り返り，起伏に富んだ地形のようすを観察させた。

（5） 小石川植物園（白山三丁目，観察ポイント⑤）

観察ポイント⑤での主なねらいは，市街地における土地利用の変遷に注目させること，研究機関としての小石川植物園の役割を認識させること，園内の自然環境（地形，湧水）を観察させることである。

小石川植物園の正式な名称は「東京大学大学院理学系研究科附属小石川植物園」である。植物園のルーツは，1684（貞享元）年に徳川幕府が麻布（現東京

写真 6-3　御殿坂の上から見下ろす（2010年7月撮影）
塀の内側は小石川植物園（観察ポイント⑤を参照）の樹木群である。坂の下から自転車を降りて移動する人の姿もみられる。現在は道路の拡幅（植物園の面積が縮小）により，段差のない塀に替わったため，塀を手がかりにして地形の起伏を把握しづらくなった。

都港区）の薬園を館林藩の大名下屋敷の一部に小石川御薬園（おやくえん）として移設したことである（文京区教育委員会 1990）。1722（享保7）年の第8代将軍徳川吉宗による小石川施薬院（せやくいん）（貧困者のための施療所）の設置，1735（享保20）年の青木昆陽（あおきこんよう）によるサツマイモ（甘藷）の試作など，近世にはさまざまな特筆すべき出来事があったことについて，園内を見学しながら理解させた。

　1877（明治10）年には，東京帝国大学（現東京大学）の附属施設になり，あわせて一般公開もはじまった。小石川植物園は植物学の教育・研究施設としても重要であり，本館には膨大な数の植物標本，植物学関連図書が収蔵されていること（東京大学大学院理学系研究科附属植物園案内委員会 2004）を説明した。園内では白山台地（最高地点の標高 27m）の西端から小石川の開析谷（最低地点の標高 9m）にかけての起伏に富んだ地形を活かして，さまざまな種類の植物が配置されていることに注意を促した。

＊小石川植物園内では，反時計まわりを基本に移動しながら（その途中で，昼食時間を設けた），次の4点に着目させた。
・白山台地の西端から小石川の開析谷にかけての起伏に富んだ地形のようすが観察可能な場所（等高線の状態を地形図 D から確認させた）
・白山台地で井戸跡が確認可能な場所（1722［享保7］年建築の旧養生所の井戸跡が果たした役割を理解させた）

・季節によって変化する植物の色彩（そのなかで，白山台地にあるスギ・ヒノキ林は，日本の山地・山村でよくみられる景観であることを説明した）
・崖下で湧水が観察可能な場所（小さな谷の最奥部を見つけさせた）

(6) 印刷工場集積地域（白山二丁目・三丁目・小石川四丁目，観察ポイント⑥）

観察ポイント⑥でのねらいは，小石川の開析谷のなかに印刷工場（同関連工場を含む）が多く立地しているようすを観察させ，立地条件や地域の変化に気づかせることである。

小石川植物園と千川通りに挟まれた区画（白山二丁目・三丁目）には，中小企業の印刷工場が集積していて，職住一体となっている建物が目立つようすを観察させた。工場の集積の変化は迅速測図，地形図Ａ～Ｄからもある程度把握できる[11]。休日はほとんどの工場が休業日であるため，閑静な印象を受けるが，平日の日中は工場内で機械が作動し，原料紙・製品の運搬のフォークリフトが作動している。参加学生には，地域をみる視点では「音」も重要な役割をもつことを説明し，平日の日中に再び訪れることをすすめた。また，千川通りのすぐ西（小石川四丁目）には，大手企業の共同印刷の本社・工場がある。

共同印刷の敷地には多くの建物があるが，正面の千川通りに面した重厚な5階建ての建物は1935（昭和10）年完成の本館である（写真6-4）。2010年6月当時，共同印刷は本社を含め，日本国内に10ヶ所の工場を有していた[12]。

写真6-4 1935年完成の共同印刷本館（2007年5月撮影）
撮影地点の千川通りに小石川が流れていたが，本館完成の前年（1934年）に暗渠化された。昭和戦前の近代建築が現役の本館として利用されているのは貴重である。

一般的に，印刷業は不安定な受注に対応するために，総需要が大きく，受注が持続する大都市への立地を指向するが，東京の都心に近接した文京区の場合，区内の製造業の出荷額の80％以上が印刷・同関連業である[13]。小石川の開析谷のなかに印刷工場が集積するようになった理由について，博文館（共同印刷の前身）の立地を中心に説明した（「小石川の開析谷における印刷工場の立地—博文館を中心として」を参照）。

博文館が立地する前の開析谷のなかには水田が展開し，そこに小石川の流路が存在していたことを「東都小石川絵図」，迅速測図，東京図から確認させた。また，東京図で確認できる小石川沿いの湿地は，過去にこの川が洪水で氾濫したため，形成されたと考えられることを説明した。

＊観察ポイント⑥では，昭和初期まで小石川の流路が存在していたこと，小石川沿いの水田や湿地が市街地に変容したことを地形図A・Bから，小石川の流路跡も利用して千川通りがつくられたことを地形図Cから確認させた[14]。また，観察ポイント⑥の西端（東京大学総合研究博物館小石川分館の入口）は網干坂^{あみほしざか}[15]の下にあたるため，坂の下から白山台地を見上げながら，起伏に富んだ地形を観察させた。

小石川の開析谷における印刷工場の立地 ——博文館を中心として

1897（明治30）年に東京府京橋^{きょうばし}区（現東京都中央区の一部）で創業した出版社・博文館の印刷工場は，1898（明治31）年に規模の拡張のため，小石川の開析谷のなかに移転した。当時の住所は小石川区久堅町^{ひさかた}（現文京区小石川四丁目）であった。博文館は小石川の開析谷のなかに早くから立地した印刷工場のひとつであった。博文館の主な取引先が都心の官庁・事業所であったことを考えると，京橋区・日本橋区（現中央区の一部）・神田区（現千代田区の一部）に印刷工場を建設したほうが，小石川の印刷工場よりも製品の輸送費は安くなる。それでも，小石川の開析谷のなかに移転したのはなぜか？　当時の博文館は王子区^{おうじ}（現北区の一部）の王子製紙から原料紙を購入していたため，小石川に印刷工場を移転したほうが原料の輸送費は安くすんだためである。また，東京図をみると，

第6章　台地と谷に着目した市街地での半日巡検　111

小石川の開析谷は水田のほか，湿地が存在していたことが確認できる。そのなかで，後者のような土地の状態は都市開発に向かなかったため，地価が安かったことも見逃せない（博文館は徳川将軍の御鴨猟場跡を，台地を削り取った土で埋め立ててから，そこに印刷工場を建設した）。さらに，低廉な労働力の確保も有利に働いた。とくに，労働者の住宅は地価の安い開析谷のなかに多く立地する傾向にあった。

　1923（大正12）年の関東大震災では，麹町区（現千代田区の一部）大手町の政府の印刷局が全焼し，官報の発行を引き受けた博文館は急成長した。そして，1925（大正14）年には関連会社の精美堂との合併により，現在の共同印刷になった。なお，関東大震災で大きな被害を受けた下町の印刷工場は，地価が安い小石川の開析谷のなかに相次いで移転した。その結果，開析谷のなかは印刷工場集積地域としての性格を強めていった。

　1929（昭和4）年には，プロレタリア作家の徳永　直が共同印刷での勤務経験をもとに，小説『太陽のない街』を発表した。小説では「共同印刷会社」が「大同印刷会社」になっている。また，社長の邸宅は陽当たりのよい台地の上に建っているのに対して，労働者の長屋は陽当たりの悪い開析谷のなかに建っている，といった自然的条件（ここでは地形）に制約された社会階層の住み分けパターンが巧みに表現されている。それは小説の題名にもよくあらわれている。

※杉浦（1992），文京区教育委員会・文京ふるさと歴史館編（1995）を参考にまとめた。

(7)　湯立坂（小石川五丁目，大塚三丁目，観察ポイント⑦）

　観察ポイント⑦でのねらいは，台地と谷の地形のようすを観察させること，坂名の由来を知ることである。

　湯立坂は，小石川の開析谷（標高10m，窪町東公園交差点）から小石川台地の東端（標高24m，筑波大学東京キャンパス正門そば）までの区間にある。坂名の由来は，大昔に坂の下（小石川の開析谷）が大河の入江で，対岸の氷川神社（現簸川神社）に渡っていくことができなかったため，氏子たちがこの坂で湯花を立てた（沸騰した釜の湯に笹を入れ，参拝者にかけ浄める）とする言い

伝えによる（文京ふるさと歴史館 2008）。坂名は事実に基づく由来でないことに注意を促したうえで，洪水により小石川の開析谷全体が大雨で冠水したようすが，あたかも「大河の入江」のようにみえた可能性があることを説明した。

　半日巡検では左へカーブするところで，坂を見上げることにより，あるいは坂を見下ろすことにより，起伏に富んだ地形を観察させた。

＊湯立坂の全区間にわたって並行するのは文京区窪町東公園である。坂が左へカーブするところで公園を横切ると占春園（旧東京教育大学跡）である。

（8）東京教育大学跡（大塚三丁目，観察ポイント⑧（a）〜（b））

　観察ポイント⑧では，大名屋敷の跡地が教育用地に転用されたこと，教育用地がその後どのように変化したかについて理解させた。

　まず，1659（万治2）年に松平頼元の上屋敷が立地，1700（元禄13）年に息子の頼定が陸奥国守山藩の藩主として二万石を領したことにより，松平大学頭の大名上屋敷になった。屋敷跡には1906（明治39）年に東京教育大学の前身となる東京高等師範学校が本郷区湯島（現文京区湯島）から移転してきた。1973年10月に東京教育大学を母体とした新構想大学の筑波大学が茨城県新治郡桜村（現つくば市の一部，筑波研究学園都市のエリア）に開学，その後大学の機能が文京区から桜村へ段階的に移転した結果，1978年3月31日を最後に東京教育大学は閉校したことを説明した（東京教育大学庶務課編1977）。

（a）占春園

　観察ポイント（a）でのねらいは，占春園の立地環境（主に自然環境）に気づかせること，その利用形態を学校教育の観点から理解させることである。

　占春園は松平頼元の大名上屋敷（その後，松平大学頭の大名上屋敷）の庭園として，小石川台地の崖の下（小石川の開析谷の方向）につくられたことに気づかせた。近世には「林には鳥，池には魚，緑の竹と赤い楓，秋の月，冬の雪」と四季それぞれの美しさをみせる庭園として知られた。

　現在は筑波大学（旧東京教育大学）附属小学校が自然観察や勤労体験で利用

しているが，日中には一般開放されている。園内は樹木が多く，閑静であることに気づかせた。また，この園内の北西の崖にはかつて湧水があり，園の中央部から西部にかけて広がる池の水をうるおしていたことを説明した[16]。

(b) 文京区教育の森公園

観察ポイント (b) でのねらいは，市街地における土地利用の変遷について着目させること，公園名の由来を知り，園内の施設や利用形態の特徴を知ることである。

小石川台地の上に位置する文京区教育の森公園は1986年に開園した。公園名の由来は，ここに東京教育大学があったことによる[17]。近世末期にはここに松平大学頭の大名上屋敷があったことを「東都小石川絵図」から確認させてから，地形図Aでは東京高等師範学校，地形図Bでは東京文理科大学，地形図Cでは東京教育大学となっていたことも確認させたうえで，近世・近代・現代という歴史的変遷に着目させた。

公園には自由広場，じゃぶじゃぶ広場，林間広場，文京スポーツセンターの施設がある。これらのうち，自由広場は災害時の広域避難場所に指定され，文京スポーツセンターと一体となって救援活動に使用することが可能である[18]。そのため，園内の道路は緊急車両の通行がしやすいように幅が広く，直線区間が多いことに注意を促した（写真6-5）。

半日巡検当日は天気がよかったため，広場の利用者層を観察させ，近隣の子どもたちの姿（親子連れを含む）が多いことに気づかせた。

＊公園の南東には，筑波大学東京キャンパス（現在は放送大学東京文京学生センター棟も入っている）がある。

写真6-5 教育の森公園内の道路（2007年9月撮影）
バイクの通行は禁止されているため，公園利用者は安全に楽しむことが可能である。

当初，東京キャンパスの校舎は，東京教育大学時代の建物を使用していたが，2010 年 6 月当時，新校舎が 2011 年完成を目標に建設中であった。

（9）東京メトロ茗荷谷駅とその周り（主に小日向四丁目，観察ポイント⑨）

　観察ポイント⑨でのねらいは，茗荷谷駅が地下鉄でありながら，ホームが地上に位置している理由を知ること，駅とその周りの市街地のようすを観察させることである。

　東京メトロ丸の内線茗荷谷駅は小石川台地・小日向台地の境付近に位置するが，ホームは切り通しになっている。これは切り通しのすぐ南（後楽園駅側）が谷になっているためである。この谷が駅名にもなった茗荷谷である（観察ポイント⑩を参照）。

　駅出入口は春日通り（国道 254 号）にも面していて，自動車や人（茗荷谷駅の利用者を含む）の往来が多く，同通り沿いでは 10 階建て前後の建物（例：下の階は店舗・事業所，上の階は集合住宅）が目立つようすを観察させた。建物の高層化の象徴は茗荷谷駅前地区第一種市街地再開発事業に伴う 25 階建ての「アトラスタワー」（下の階は店舗・事業所，上の階は集合住宅）である。「アトラスタワー」は 2011 年完成を目標に建設中であった。春日通りをはずれると，一転して低層の一戸建て住宅が多くなる。

　また，駅の周りには国立・公立・私立の学校に象徴されるように文教施設が多く立地していることを地形図 D から確認させた。そのなかで，お茶の水女子大学，跡見学園女子大学文京キャンパス，拓殖大学文京キャンパスが近世末期には大名屋敷であったことを「東都小石川絵図」から確認させた [19]。

（10）茗荷坂（小日向四丁目，観察ポイント⑩）

　観察ポイント⑩でのねらいは，坂名の由来を知ること，坂沿いの市街地の景観を観察させることである。

　茗荷坂は，小石川台地・小日向台地の境付近（標高 23m，東京メトロ丸ノ内線茗荷谷駅出口付近）から茗荷谷の開析谷（標高 17m，拓殖大学文京キャンパス正門前）までの区間にある。坂名の由来は，坂の周りでミョウガが多く栽培

されていたことによる（文京ふるさと歴史館 2008）[20]。坂沿いの市街地は春日通り沿いのそれと異なり，一戸建て住宅や飲食店などが密集しているようすを観察させた。

　茗荷谷は拓殖大学文京キャンパス付近から東へ伸び，丸ノ内線の地上区間（茗荷谷駅〜後楽園駅間）と合流する（写真 6-6）。地上区間は急勾配を少しでも避けるため，谷の部分が盛土になっていること（川島 2000）[21]を，走行する丸ノ内線の電車をみながら理解させた。

写真 6-6　茗荷谷の開析谷のなか（2010 年 6 月撮影）
地形の関係上，谷のなかの道路よりも高所を「地下鉄」丸ノ内線が走行しているのはユニークである。丸ノ内線の奥にみえる高層建築の集合住宅は，春日通りに面した小石川台地の南端（一部は崖部分）に建っている。

＊茗荷谷から小日向台地まで全体的にややゆるやかな上り坂である。拓殖大学のすぐ南に建つ一戸建て住宅の 2 階部分の高さが，上り坂の地面とほぼ同じになっているようすを観察させた。このことから，住宅は茗荷谷の谷底部分（最奥部）に建っていることを理解させた。

（11）近世の小日向の計画道路（小日向二丁目，観察ポイント⑪）

　観察ポイント⑪でのねらいは，近世江戸の市街地建設のときに小日向台地に形成された特色のある計画道路を観察させ，その一部を歩きながら道路の構造を理解させることである。

　「雑司ヶ谷音羽絵図」をみると，小日向台地全体では不規則な道路網になっていたが，武家地が多く立地した西部では直線状の道路網による計画道路も形成されていた（陣内 1985）。絵図では 6 本の並行する道路が等間隔でほぼ東西

を通っているが，実際には7本であることを地形図Dから確認させた。これは絵図の作成の過程で故意か無意識に間違えた可能性があるとされる（正井 1987）。また，直線状の計画道路が少し折れ曲がっているようすを観察させた。小日向台地の標高は東部よりも西部のほうがすこし高くなっているが，そのために道路が折れ曲がっていると考えにくいこと（正井 1987）を説明した。

直線状の計画道路沿いは一戸建て住宅（主に2階建て）が多い。なお，集合住宅（2～4階建て）はところどころに点在している。

（12）鼠坂（ねずみざか）（小日向二丁目・音羽一丁目，観察ポイント⑫）

観察ポイント⑫でのねらいは，台地と谷の地形のようすを観察させること，その間にある急坂を体感させること，坂名の由来を知ることである。

写真6-7 鼠坂の上から見下ろす（2007年9月撮影）
写真6-3の御殿坂（観察ポイント③を参照）よりも急坂である。深い谷底へ一気に下りていくような感じになる。

鼠坂は，小日向台地の西端（標高30m，小日向の計画道路の西）から音羽の開析谷（標高9m，音羽川の流路跡）までの区間にある。坂名の由来は，細長くて狭い，鼠が通るような坂道であることによる（文京ふるさと歴史館 2008）。全長100m足らずの区間の高低差は20mを越える急坂で，階段（84段）と転倒防止のための手すりが設置されていることに注意を促した。坂を見下ろすことにより，さらに，音羽川の流路跡（観察ポイント⑬を参照）から坂を見上げることにより，起伏にきわめて富んだ地形を観察させた（写真6-7）。

（13）音羽通りとその周り（音羽一丁目，観察ポイント⑬）

　観察ポイント⑬でのねらいは，音羽通りの歴史的背景について気づかせること，開析谷での河川跡や，崖で残存する湧水を観察させることである。

　音羽の開析谷は，護国寺（観察ポイント⑭を参照）のすぐ南から神田川のすぐ北までの区間であり，台地との高低差が20mを越える場所があることを地形図Dから確認させた。もとは，弦巻川と音羽川が合流して谷のなかを蛇行する流路をとっていたが，護国寺の門前町の形成により，河川の流路に道路（現音羽通り）を新たにつくることになった。その結果，音羽川と弦巻川を分流し，道路の東（小日向台地側）に音羽川，道路の西（目白台地側）に弦巻川を付け替え，2つの河川は音羽通りと並行する直線的な流路となった（清水1999，図6-3）。2つの河川は第2次世界大戦前に暗渠となり，現存しない。

　半日巡検では，2つの河川の流路を迅速測図，東京図，地形図A・Bから[22]，暗渠となった流路跡を地形図Cから確認させたうえで，音羽川の流路跡（歩道）の一部区間を歩いた。流路跡のすぐ東脇の崖はコンクリートで覆われていて，その隙間から湧水が染み出ているようすを観察させた（写真6-8）。それを目の当たりにして，生活排水が漏れ出したのではないかと心配した学生もい

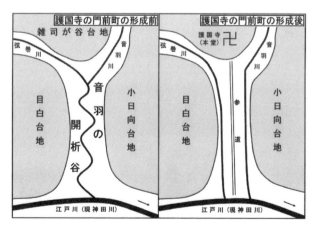

図 6-3　近世音羽界隈の地形と河川（模式図，音羽川と弦巻川を中心として）（清水龍光，[1999]の図などをもとに加筆・修正）
神田上水は示していない。

写真6-8 コンクリートで覆われた崖から染み出る湧水（2010年6月撮影）
コンクリートの色が濃くなっているのは、湧水により生じたものである。

たが、これは崖の上にあたる小日向台地の西端で一戸建て住宅（主に2階建て）が形成されたものの、個々の建物が大規模開発でないことから、小日向台地の地下水脈が絶たれなかったためであることを説明した。

1980年代以降、音羽通り沿いでは建物の高層化が進行した結果、同通りは台地の谷間でなく、「高層建築の谷間」に変貌した（正井1987）。10階建て以上の場合、すべての階が事業所になっている建物もあれば、下の階が店舗・事業所、上の階が集合住宅になっている建物があり、それらが並んでいるようすを観察させた。すべての階が事業所になっている建物では、講談社の本社の社屋（26階建て、2000年完成）が目を引く。なお、社屋の南隣の重厚かつ荘厳な建物は、1933（昭和8）年に完成した本社の旧社屋である。

（14）護国寺（大塚五丁目，観察ポイント⑭）

観察ポイント⑭での主なねらいは、護国寺の歴史的背景について、境内の富士塚とあわせて気づかせること、台地と谷の地形のようすを観察させることである。

護国寺は1681（天和元）年に徳川綱吉が母・桂昌院の願いを受けて、大聖護国寺（現群馬県高崎市）の亮賢僧正を招いて創建された[23]。東京メトロ護国寺駅1番出入口そばに建つ仁王門（標高19m）は、音羽の開析谷の北端に位置する。この出入口の前から南南東（江戸川橋がある）をみることで、音羽通りがゆるやかな下り坂になっているようすを観察させた。また、音羽通りが「高層建築の谷間」になっているようすも観察させた（写真6-9）。

仁王門と不老門の間には高低差7m
の石段があることから，崖の斜面を利
用した形でつくられたことに注意を促
した。石段の下あるいは上から起伏に
富んだ地形を観察させることが可能で
ある。不老門から正面（北北西）にみ
えるのが本堂の観音堂(国重要文化財)
で，標高30mの雑司が谷台地の上に
建っている。なお，護国寺で見落とし
がちなのが，石段の東脇にある富士塚
（音羽富士，高さ約6m[(24)]）であり，
崖の斜面を利用してつくられたことに
注意を促した。

写真6-9　護国寺駅1番出入口の前からみ
た音羽通り（2016年5月撮影）
東京メトロ江戸川橋駅の方向をみる。2016
年の撮影であっても，音羽通りが「高層建
築の谷間」にあることは1980年代とまっ
たく同じである。中央分離帯の柵が曲線に
なっているのは，この通りが上り勾配であ
ることのあらわれである。

4. 半日巡検に対する参加学生の反応

　参加学生には，実施直後のアンケー
ト（レポートと兼用）を課した。本節
はアンケートに記された内容をもとに，参加学生の反応を紹介し，考察したも
のである。
　参加学生の全員は，文京区白山〜大塚間における地域的特色の理解を深める
ことができたと回答していた。とくに，今回の半日巡検では観察の視点の（ア）
に着目したこともあり，全員が白山キャンパスの周りの地形に対して強い印象
を受けていた。これは参加学生が白山キャンパスの建物が白山台地と指ヶ谷の
開析谷の支谷に位置していることに気づいた結果，地形への関心を高めること
ができたためと考えられる。白山台地の西端（東洋大学白山第2キャンパス，
小石川植物園）から小石川の開析谷を見下ろすことや，坂道の上から見下ろす

こと（坂の下から見上げること）で高低差を実感できたとする記載があった。また，参加学生の多くは起伏に富んだ地形を結びつける坂道にも強い印象を受けていた。そのなかで，現地で驚きの声が最もあがっていたのが鼠坂で，「鼠坂の急坂はすごかった」の記載があった。参加学生にとって，深い谷底へ一気に下りていくような感じであったと思われる。なお，著者は実施直後の授業（地理学Ａ）で，東京23区の中・西部の地形を取り上げた。参加学生のうち，地理学Ａの履修学生は，台地と谷を観察・体感したことを踏まえたうえで，地形への関心をいっそう高められたと思われる。

　次に，観察の視点の（イ）〜（エ）を記した内容のなかから，台地と開析谷と関係が深い記載をそれぞれ取り上げる。（イ）では，河川が長い年月をかけて台地を侵食し，開析谷が形成されたことに驚いた内容や，小石川の開析谷が市街地化される前に，川の水は清浄であったことを想像した内容などがみられた。また，小石川植物園内で湧水のすぐ奥が崖になっていることについて，自然の力のすごさを見せつけられた内容や，音羽川の流路跡そばのコンクリートで覆われた崖で湧水がみられる理由に納得した内容などがみられた。このなかには，市街地の再開発と関連づけながら，湧水を維持していくことの大切さを感じ取った記載もあった。（ウ）では，印刷工場が多い小石川の谷が，明治初期には水田や湿地であったことに驚いた内容がみられた。（エ）では，小日向台地の西部で低層の一戸建て住宅が，音羽の開析谷にある音羽通り沿いで高層の建物が多いことの対照性について大きな関心をもった記載もあった。

　以上の内容から，参加学生は自分なりに白山〜大塚間が多様な姿をもつ地域であることを認識したといえる。「自然と人間との関係」を理解することの重要性を踏まえると，半日巡検の実施による成果は大きいと考える。

5. おわりに

　今回の半日巡検では，（ア）の「台地と開析谷の起伏に富んだ地形と坂道」，（イ）の「消失した河川と残存する湧水」，（ウ）の「近世から現在までの土地利用の

変化」，（エ）の「都市景観の地域的特色」の4つの視点に着目した。新旧の地図を使用することにより，参加学生は白山〜大塚間の地域的特色の現在だけでなく，過去にさかのぼって理解を深めることが可能になったといえる。

今回の半日巡検では，白山〜大塚間の範囲での比較を行うにとどまった。しかし，他の地域と比較することの重要性について考えるようになった旨をアンケートに記した参加学生がいたことは特筆すべきことである。第5章の「5. おわりに」で記したように，地域を比較する重要性について考えることが，地域の再発見につながるうえ，地域の見方に関する問題に目を向ける契機にもなるという清水（1994）の指摘をかみしめたい。半日巡検のコースに限定して他の地域と比較する場合，文京区と隣接する区の一部での実践も有効であると考え，第7章と第8章ではその実践の内容を取り上げる。

付記

本章は，「大学周辺における地理教育巡検の実践と課題—教職科目「地理学」を事例として—」地理教育研究，第7号（2010年10月）をもとに加筆・修正したものである。

注

(1) 第3章の注（1）を参照。

(2) 文京区の面積（$11.29km^2$），白山キャンパスの位置（文京区の中央からやや北東）を考慮すると，「学校の周り」は文京区全域と同区と隣接する区の一部とみなすのが適切であろう。「学校の周り」といっても，白山キャンパスからの距離とは無関係に，学生のなじみが深い場所もあれば，なじみのうすい場所もあることに留意しなければならない。

(3) 著者が歩くように指示した区間は，第4章第3節（1）〜（3）（観察ポイント①〜③）の区間とおおむね一致する。

(4) 2003年に人文社から発行された『もち歩き 江戸東京散歩』を使用した。

(5) 迅速測図は200％に拡大した。

(6) 第3章第3節（1）（観察ポイント①）を参照。

(7) 第4章第3節（7）（観察ポイント⑦）を参照。

(8) 第4章第3節（6）（観察ポイント⑥）を参照。

（9）第4章の注（15）を参照。

（10）第2キャンパス当時，目隠しタイプでないフェンスであったため，見通しはよかったが，東洋大学京北中学校高等学校，京北学園白山高等学校になってから，騒音対策として目隠しタイプのフェンスに替わったため，見通しは悪くなった。その結果，台地と開析谷の高低差は，目隠しタイプのフェンスとその土台のわずかな隙間から何とか確認するような状態になってしまった。

（11）中小規模の工場（町工場）が集積しても，地形図では工場の地図記号で示されないことが多いので，注意が必要である。

（12）共同印刷株式会社のホームページ https://www.kyodoprinting.co.jp/ による。

（13）東京都総務局統計部調整課（2010）によると，2007年の文京区の製造品出荷額等は15,698,344万円で，そのうち印刷・同関連業出荷額等は12,926,146万円（全体の82.3％）であった。

（14）小石川は1934（昭和9）年まで存在した。詳細は菅原（2010）を参照。

（15）坂名の由来は，大昔に坂の下（小石川の開析谷にあたる）が入江で，舟の出入りがあって漁師が網を干したとする言い伝えによる（文京区教育委員会1990）。これは観察ポイント⑦の湯立坂と同様，坂名の由来は事実に基づかないものが含まれることを注意する必要がある。東京では縄文海進（約7000年前）による海面の上昇が2m程度であったこと（松田2013）を踏まえると，舟の出入りがあって漁師が網を干した頃に，現在の網干坂と湯立坂の下が入江であったと解釈するのは無理がある。

（16）唐沢（1999）は，占春園の北西に湧水が存在すること（1990年代後半当時の状況と考えられる）を記している。しかし，著者にはその存在を確認することが不可能であった。いっぽう，池の水面での小さな水紋が自然発生する状態を確認することが可能であったため，半日巡検では池の底に湧水が存在している可能性が高いことを説明した。

（17）文京区のホームページ「公園等の案内」の「教育の森公園」http://www.city.bunkyo.lg.jp/bosai/midori/kuritukouen/kouen/kyouikunomori.html を参照。

（18）前掲（17）を参照。

（19）お茶の水女子大学の場合，前身となる東京女子高等師範学校が1932（昭和7）年から1936（昭和11）年にかけて本郷区湯島（現文京区湯島）から移転してきた（「お茶の水女子大学百年史」刊行委員会編1984）。移転前の土地利用をみると，迅速測図では陸軍馬厩分厰，地形図Aでは兵器支廠，地形図Bでは大塚兵器庫と

いったように，軍用地として利用されていた。

(20) ミョウガは日陰で湿気の多い場所で生育しやすいことから，開析谷の日当たりが悪い部分で栽培がさかんであったと考えられる。なお，現在もミョウガはきわめて小規模であるが，開析谷のなかで栽培されている。

(21) 盛土は地下トンネルで掘り出された土砂を利用したものであるが，盛土の周りはコンクリートなどで固定されている。

(22) 「雑司ヶ谷音羽絵図」を使用しなかったのは，弦巻川が記されていなかったためである。これは絵図の作成の過程で故意か無意識に間違えた可能性がある。

(23) 詳細は護国寺のホームページ http://www.gokokuji.or.jp/ を参照。

(24) 「地形図 D」の等高線と目測から求めた。

参考文献

「お茶の水女子大学百年史」刊行委員会編（1984）：『お茶の水女子大学百年史』，「お茶の水女子大学百年史」刊行委員会，873p.

唐沢孝一（1999）：『江戸東京の自然を歩く』，中央公論新社，202p.

川島令三（2000）：『通勤電車なるほど雑学事典―全国路線別情報，地下鉄の謎，気になる新線計画―』，PHP 研究所，302p.

清水幸男（1994）：身近な地域に目を向けよう，清水幸男編『地域と生活―「身近な地域」の調べ方・教え方―』，古今書院，pp.11-41.

清水龍光（1999）：『水―江戸・東京／水の記録―』，西田書店，205p.

陣内秀信（1985）：『東京の空間人類学』，筑摩書房，306p.

菅原健二（2010）：『川の地図辞典―江戸・東京／23 区編―増補版』，之潮，464p.

杉浦芳夫（1992）：『文学のなかの地理空間―東京とその近傍―』，古今書院，308p.

東京教育大学庶務課編（1978）：『東京教育大学概要 昭和 52 年度 閉学記念特集』，東京教育大学，69p.

東京大学大学院理学系研究科附属植物園植物園案内委員会編（2004）：『小石川植物園と日光植物園』，小石川植物園後援会，79p.

東京都総務局統計部調整課（2010）：『東京都統計年鑑 第 62 回』，東京都総務局統計部調整課，366p.

文京区教育委員会（1990）：『文京のあゆみ―その歴史と文化―』，文京区教育委

員会，352p.

文京区教育委員会・文京ふるさと歴史館編（2005）：『文京区民俗調査報告書 記憶のなかの文京』，文京区教育委員会・文京ふるさと歴史館，115p.

文京ふるさと歴史館（2008）：『ぶんきょうの坂道 改訂版』，文京ふるさと歴史館，168p.

正井泰夫（1987）：『城下町東京―江戸と東京との対話―』，原書房，217p.

松田磐余（2013）：『対話で学ぶ江戸東京・横浜の地形』，之潮，318p.

コラム6　旗本屋敷の跡地が高等教育機関に利用されるまで
——東洋大学白山キャンパスを事例として

　第3章と第4章でも記しましたが，東洋大学白山キャンパスの正門から比較的近い校地（2011年当時は1～5号館，井上円了ホールが建っていましたが，現在は正門のすぐ前に8号館が建っています）には，近世末期に土井主計の旗本屋敷が，西門に接した6号館には，近世末期に森川伊豆守の抱屋敷が，白山第2キャンパス跡（現在は東洋大学京北中学校高等学校が立地）には，近世末期に松平備中守の大名中屋敷がありました。参考までに，正井泰夫氏の『城下町東京』（原書房，1987年）などによると，文京区内で近世末期に大名屋敷であったところに立地している大学は，東京大学本郷キャンパス［本郷地区は主に前田家上屋敷，一部は松平飛騨守・松平大蔵大輔の上屋敷，弥生地区（農学部）は徳川御三家の水戸家中屋敷］，お茶の水女子大学と跡見学園女子大学文京キャンパス［安藤長門守の下屋敷］，筑波大学東京キャンパス［松平大学頭の上屋敷］，拓殖大学文京キャンパス［戸田淡路守の下屋敷］です（［　］は大名屋敷）。高等教育機関の場合，広い敷地を比較的安い値段で購入できたことが大きく関係しているといえます。しかし，大名屋敷・旗本屋敷の跡地がすぐに高等教育機関に利用されるとは限りません。それは，本コラムで取り上げる白山キャンパスにも当てはまります。

　1869（明治2）年刊行の「明治二年東京全図」では，旗本屋敷の跡地になっていました。それは，「元土井主計」と氏名の前に「元」がついていることからわかります。1880（明治13）年測量の2万分の1迅速測図「下谷区」では，屋敷の跡地の東部分が指ヶ谷の開析谷，西部分が白山台地になっていることがわかります。両部分とも真っ白になっていますが，空き地でありません。フランス式の彩色された「下谷区」で確認すると，「畑」の文字があります。どのような農産物を栽培していたかはわかりませんが，農地として転用されていたことがわかります。なお，屋敷の跡地のすぐ周りには，武家地であったところ

が「桑」,「茶」になっていました。文京区教育委員会編『文京区民俗調査報告書 記憶のなかの文京』(文京ふるさと歴史館, 2005 年) によると, 1869 年に東京府が殖産興業の一環として農地開拓を行った結果です。白山キャンパスのすぐ周りで, 明治期に外国への重要な輸出品のために桑や茶が栽培されていたことは, 信じがたいかもしれません。

農地として転用されていた土井主計の旗本屋敷の跡地が白山キャンパスとして利用されるようになったのは, 哲学館時代の 1897 (明治 30) 年です。「哲学館の昔」(東洋哲学, 第 30 編第 9 号, 1923 年) には, 1890 年代半ばの屋敷の跡地とすぐ周りのようすが以下のように記されています。農地が広がり, 非常に閑静であったことがわかります。

> 「たしか, 明治二十七年 (著者注:1894 年) の頃だと記憶するが, 今 (著者注: 1923 [大正 12] 年) の東洋大学の所在地は, 其昔鶏声ヶ窪^{けいせいがくぼ}と言つて一帯の茶畑であつたのだが, 土地が極めて閑静であり, 且つ高燥で, 研学には好適地だとあつて, 井上先生 (著者注：哲学館創設者の井上円了) も, 数回茲に足を運ばれて色々検分をされたものであつた。……(中略)……先生も意を決して, 一帯の空地を御買ひとりになつたのである。其頃 (著者注:1895 〜 1896 [明治 28 〜 29] 年頃) は, 全く閑静を越えて寂々寥々たるものであつて, ……(後略)……」

記事のなかで, 屋敷の跡地を「一帯の空地」と記しているのは注目すべきことです。1880 年当時は畑であったのが, 井上円了が購入した 1895 〜 1896 年頃は空地になっていたからです。『東洋大学創立五十年史』(東洋大学, 1937 年, 以下「五十年史」) には「其後荒廃に委せたり」と記されていることから, 農地として転用されていた屋敷の跡地が荒れた状態 (いわゆる「耕作放棄地」) になっていたと考えられます。井上円了が検分をはじめた 1894 年頃には, 鶏声ヶ窪界隈に市街地化の波が少しずつ及んできたのでしょうか。

また, 五十年史には「明治三十二年頃の本學校地校舎配置圖」があります。この図は白山キャンパスになってから 2 年後の 1899 年頃のものですが, とく

に目を引くのは，台地の末端に「磨鉢山」とよばれる築山があることです。築山は迅速測図で明確に示されていませんが，大名屋敷時代に存在していた可能性があります。さらに，五十年史では「(磨鉢山には) 羊腸の小徑を辿つて頂上には臺を設くるなど，風致頗る佳なるものがあつた。」と記されていることから，築山が白山キャンパスの目玉にもなっていたと考えられます。実際，大正期の写真にも築山が写っています（写真コラム 6-1）。しかし，1930 年代前半には講堂（3 階建て）の建設により姿を消してしまいました。なお，講堂があったところには，現在 1 号館（7 階建て）が建っています（写真コラム 6-2）。

旗本屋敷の痕跡はどこにも残っていませんが，「東都駒込辺絵図」などの地図を添えて，白山キャンパスは土井主計の旗本屋敷の跡地に立地していることについて説明した看板が設置されることを願っています。東洋大生が自ら学んでいるキャンパスの土地の履歴を知ることにより，東洋大学や文京区に対する愛着につながってくると考えるからです。東洋大生に限らず，他の大学や小学校・中

写真コラム 6-1　大正期の白山キャンパス（東洋大学井上円了研究センター所蔵）
正門の奥，中央からやや左に築山が見える。

写真コラム 6-2　現在の白山キャンパス（2017 年 5 月，許可を得て撮影）
正門の前に 8 号館（8 階建て）が建っている。写真では見えないが，8 号館のすぐ後方に 1 号館（築山があった場所）が建っている。

学校・高等学校・高等専門学校でも，土地の履歴を調べてみると，興味深いことがいろいろ出てくるかもしれません。

＊本コラムをまとめるにあたり，東洋大学井上円了研究センター・井上円了研究記念博物館学芸員の北田建二氏，東洋大学研究推進課の飯村桂子氏から資料のご提供とご教示をいただきました。

第7章 自然環境と人間生活との関係に着目した市街地での半日巡検
──文京区南西部～豊島区南部での実践

1. 半日巡検のテーマ・視点と事前学習

　本章は，教職科目「地理学」の前期の授業（1部：人文地理学A，2部：地誌学A[(1)]）を履修している学生を対象に，自然環境と人間生活との関係に着目した市街地での半日巡検として，文京区南西部～豊島区南部（新宿区北部を経由）での実践（2015年5月17日［日曜日］）の内容を取り上げたものである。巡検対象地域は，東洋大学白山キャンパスから南西～北西部，文京区関口～豊島区西池袋間（新宿区西早稲田を経由）間であり，学校の周りに該当する[(2)]。巡検対象地域には文京区が入っているが，通学路からはずれているため，学生にとってなじみがうすい。むしろ，豊島区南部のうち，池袋界隈は鉄道・バスの乗り換えや買い物・娯楽などで利用するため，学生にとってなじみが深い。

　半日巡検のテーマは，「文京区南西部・豊島区南部を中心とした地域的特色の理解─自然環境と社会生活との関係に着目して─」である。前述のテーマの副題に「自然環境と社会生活」を入れたのは，地理学はもちろん地理教育（学）で重要な「自然と人文（人間）との関係」を巡検のなかで強調しておきたかったためである。第3節で取り上げるように，文京区・新宿区・豊島区の境界（のそば）には神田川が流れ，そのすぐ北には崖と湧水が存在する。これらの自然環境は人間の手が加えられると，姿かたちを変えやすい。それは社会生活を投影したものとみることができる。

　半日巡検の視点は次の4点である。なお，（エ）の「新旧の交通路」は人文的事象の側面が強いが，自然的事象（台地，谷）と関係が深い視点でもある。

　（ア）河川・河川跡とその流域

（イ）台地の崖などに残存する樹木群と湧水

（ウ）台地と谷の地形と土地利用

（エ）新旧の交通路（鉄道・道路）

参加学生（計13名，文学部・経営学部・法学部・社会学部）には事前学習授業の配布資料（地形図を扱った地図学習）で復習するように指示した。

2. 半日巡検のコースと地図
──10,000分の1地形図の使用を中心として

半日巡検のコースは，江戸川橋駅1a出入口（東京メトロ有楽町線）から神田川沿いの谷を西へすすむ。その後，都電荒川線に乗車しながら，西から北へ方向を変え，鬼子母神がある台地などを経由して池袋西口公園(JR・東京メトロ・西武鉄道・東武鉄道池袋駅のそば）まで約7kmの区間（図7-1）で，一部区間を除き，歩いて移動した。観察ポイントで立ち止まっての参加学生による地理的事象の観察，そこでの案内者（著者）の説明のほか，昼食時間，休憩時間を加えると，所要時間は6時間である（集合10時00分，解散16時00分）。コースの設定では地形の起伏を実感しやすくするため，谷から台地へ上がって，台地から谷へ戻るようにした。なお，コースは観察ポイント①〜⑮（第3節を参照）とあわせて，1998年修正の10,000分の1地形図「池袋」，「上野」の一部に示した（図7-1）。

当日の配布資料には，図7-1と同じ地形図の計曲線（10m，20m，30m）を太線でたどり，その数値をわかりやすく示したものを加えた。これにより，半日巡検の視点の（ウ）のうち，「台地と谷の地形」を把握しやすくなる。また，（ウ）だけでなく，（ア），（ウ），（エ）では，現在だけでなく，過去にもさかのぼって理解させるため，以下の異なる時代の地図を使用した。

・近世末期：1857（安政4）年（改）発行の「雑司ヶ谷音羽絵図」（以下，「絵図」）[3]

・明治初期：1880(明治13)年測量の20,000分の1迅速測図[4]「下谷区」の一部(以下，「迅速測図」)，1883（明治16）年測量の5,000分の1東京図「東京北部」

第 7 章　自然環境と人間生活との関係に着目した市街地での半日巡検　131

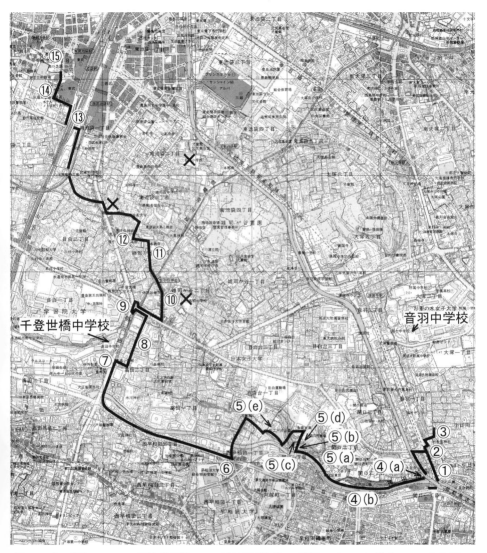

図 7-1　半日巡検のコース（国土地理院 10,000 地形図「池袋」,「新宿」を 51% に縮小，1998 年修正）
太線がコース，①〜⑮が観察ポイント（第 3 節を参照）。ただし，観察ポイント⑤ (a), ⑤ (b), ⑫, ⑮では，敷地内のコース（の一部）を示していない。
×は 1999 年以降に閉校した小学校・中学校。

の一部（以下，「東京図」）

・明治後期：1909（明治42）年測図の10,000分の1地形図「早稲田」，「上野」
の各一部（以下，「地形図A」）

・昭和初期：1929（昭和4）～1930（昭和5）年修正測図または測図の10,000
分の1地形図「早稲田」，「上野」の各一部（以下，「地形図B」）

・昭和中期（1950年代後半）：1956～1957年修正の10,000分の1地形図「池袋」，
「上野」の各一部（以下，「地形図C」）

・現在：1998年修正の10,000分の1地形図「池袋」，「上野」の各一部（以下，
「地形図D」）

3. 半日巡検の観察ポイントと指導内容

(1) 江戸川橋から音羽通りをみる（文京区音羽一丁目，観察ポイント①）

　観察ポイント①では，音羽通りのゆるやかな上り勾配を確認させること，この通りに面した建物の高層化が顕著なようすを観察させるなかで，この通りが主に開析谷のなかを通っていることを理解させた。

　江戸川橋交差点（標高5m，江戸川橋のすぐ南）から護国寺前交差点（標高15m）までの音羽通りの直線区間は約1.2kmである。この区間は主に音羽の開析谷のなかにある。奥に見える護国寺に着目させながら，音羽通りがゆるやかな下り坂になっているようすを観察させた。かつてはこの区間に東京都交通局の路面電車（都電）が通っていたが，現在は東京メトロ有楽町線（ゆうらくちょう）が真下を通っていることを，地形図C・Dから確認させた[5]。なお，音羽の開析谷の東が小日向台地，西が目白台地である。

　1980年代以降，音羽通り沿いでは建物の高層化が進行した結果，同通りは台地の谷間でなく，「高層建築の谷間」に変貌した（正井1987）。この通りから台地と谷との高低差が把握しづらくなったが，小日向台地・目白台地と音羽の開析谷（音羽川と弦巻川（つるまき）が長い年月をかけて台地を侵食したことにより形成）の高低差が20m以上の場所があることを，地形図Dから確認させた。

(2) 江戸川橋から清戸道をみる（文京区音羽一丁目，観察ポイント②）

観察ポイント②でのねらいは，音羽通り（観察ポイント①）よりも急な上り勾配のようすを観察させること，清戸道の由来を通して，近世には都市と農村を結びつける道路の役割を理解させることである。

近世の清戸道の起点にあたる江戸川橋から奥に見える坂（関口二丁目）は不動坂[6]であり，音羽の谷から目白台地の南東端までの起伏に富んだ地形を観察させた（写真7-1）。道名の由来は終点の清戸（現東京都清瀬市の一部）へ通じることによる（文京ふるさと歴史館 2008）。

神代（1995）をもとに，この道は徳川家の鷹狩りの道路として利用されただけでなく，武蔵野台地の農村でつくられた農産物を江戸の市街地に運ぶための道路としても利用されたこと，途中のルートは諸説あることを説明した。

写真 7-1　清戸道の不動坂の区間（2012 年 5 月撮影）
この写真は音羽通りからわずかに西にはずれた地点で撮影したものであるが，写真のような起伏に富んだ地形は，音羽通りの東部分の歩道からも観察することが可能である。

＊八幡坂へ向かう途中の今宮神社の鳥居前の路面には石橋が埋まっている。ここが音羽川にかかる橋であったことを迅速図，地形図 A・B から確認させた。

(3) 八幡坂（文京区音羽一丁目，小日向二丁目，観察ポイント③）

観察ポイント③でのねらいは，急坂を体感させながら，高低差を確認させること，坂名の由来を知ることである。

八幡坂は，音羽の開析谷（標高 9m，今宮神社[7]の北西角）から小日向台地（標

高 26m, 石川啄木の下宿跡）の西端までの区間にある。坂名の由来は, 今宮神
社が建つ場所に田中八幡宮があったことによる（文京ふるさと歴史館 2008）。
坂道の多くの区間に石段がついた急坂である。直角に折れ曲がってから, 西方
向をみるためにいったん立ち止まり, 再び歩くことにより, 急坂を体感させ
た。しかし, 1960 年代には首都高速 5 号池袋線の高架橋が建設され[8], さら
に 1980 年代には音羽通りでの建物の高層化が進行した。これらの結果, 小日
向台地の西端から音羽の開析谷を挟んで, 目白台地までの地形のようすを観察
させることが不可能になった。

（4）江戸川公園（文京区関口二丁目, 観察ポイント④（a）～（b））

　観察ポイント④でのねらいは, 神田川沿いの公園の立地環境（とくに自然的
側面）に気づかせること, その利用形態の特徴を知ることである。さらに, 園
内の史跡と神田川との関係について理解させることである。

　1919（大正 8）年には神田川の谷のなかに江戸川公園が開園した。その後の
治水工事などにより, 公園の改修が実施された。とくに, 1980 年代前半には
水害対策による川幅の拡大工事で, 流路のすぐ脇の斜面が幅 4m 削られたため,
遊歩道のすぐ足元を神田川が流れている状態になった（転落を防ぐための柵が
設置）[9]。半日巡検当日は天気がよかったため, 遊歩道では大人たちが散歩や
ジョギングをする光景, 広場では子どもたちが遊ぶ光景が目立つことに気づか
せた。

　遊歩道のすぐ北は崖が切り立った状態になっている。そこで, 公園の西では
目白台地と神田川の谷との高低差が 20m 以上の場所もあることを地形図 D か
ら確認させたうえで, 遊歩道の下（神田川の谷）から見上げながら, 起伏にき
わめて富んだ地形を観察させた。図 7-1 にコースを示していないが, 公園の西
にある階段を上がり, 目白台地の南端から見下ろしながら, 起伏に富んだ地形
を観察させた。

（a）大井玄洞翁の胸像

　大井の功績（大正期に神田川の護岸改修に貢献）をたたえた胸像が公園の東
端にある。大井の職業は土木技師でなく, 生薬学を専門とする薬剤官である。

第 7 章　自然環境と人間生活との関係に着目した市街地での半日巡検　135

大井は地域のリーダー的存在と考えられることを説明した[10]。

(b) 大洗堰跡

　寛永年間（1624 ～ 1644 年）に，神田上水の取水口の大洗堰が現公園の西端に設置された。堰は井之頭池から流れてきた水をせき止め，半分はそのまま下流に流し，残り半分は縣樋を通りながら神田へ送られ，生活用水として利用された。近代水道が完成した 1901（明治 34）年からは東京砲兵工廠（兵器工場）の工業用水として利用されたが，1933（昭和 8）年に工廠が福岡県小倉市（現北九州市小倉北区）へ移転したため，堰は廃止された[11]。これらの出来事を通して，大洗堰が果たした役割について理解させた。

　堰跡から少し東に位置する細長い池には，取水口で使用された堰が復元されている。池の水はポンプでくみ上げた循環水（目白台地からの湧水も少し含まれる）を利用している[12]。なお，湧水は池の飛び石付近，崖の石積みにある水抜き穴でわずかに残存するが，半日巡検の実施直前まで雨が（あまり）降らない日が続いたため，湧水を確認することが困難であった。

《神田川二題》

神田川の範囲と名称　東京都にある中小河川のなかで最も長いのが神田川である（全長 25.48km）。三鷹市井の頭の井之頭池を水源とし，豊島区南端・新宿区北端・文京区南端を経由しながら東へ流れる。なお，JR 中央線の水道橋駅のすぐ西で日本橋川が分流する。JR 中央線・総武線とほぼ並行し，台東区柳橋で隅田川に注ぐ。

　1965 年 3 月に新河川法が施行される以前は，水源～大滝橋（現文京区関口）間が神田上水，大滝橋～船河原橋（現 JR・東京メトロ飯田橋駅そば）間が江戸川，船河原橋から下流が神田川であった。なお，水源～大滝橋間の「神田上水」は，自然河川であったこと（現在は人為的に手が加えられているが）に注意する必要がある。また，「江戸川橋」の「江戸川」は，新河川法が施行される以前の名称であり，千葉県・埼玉県・東京都の境界を流れる「江戸川」とは別である。

　神田川は中小河川であるが，全国的に知名度が高いのは，70 年代フォーク

を代表する「神田川」(作詞：喜多条　忠氏，作曲：南こうせつ氏，歌：南こうせつとかぐや姫，1973年)の舞台になったためである。

神田川の谷における水害　神田川の谷に限らず，都市化がすすむと，従来畑や水田であった地表面は建物や舗装道路などにかわるため，雨水は地下に浸透しなくなる。その結果，雨水は下水道などを経由して，時間をかけずに河川に達する（雨水が地下に浸透し，滞留後に地下水として，時間をかけて河川に達する）。その結果，大雨が降ると神田川の水位はたちまち急上昇する。とくに，1950年代後半～1990年代前半の神田川の谷では，毎年のように床上・床下浸水などの水害が発生した。

東京都では水害対策を立てていたが，容易にすすまなかった。その主な理由として，(i) 谷では土地利用が高度に集約的になったため，川幅を拡幅するための用地の確保が困難になったこと，(ii) 谷では水害対策で講じた盛土が無秩序に行われたため，浸水の深さが大きくなる地域が出現したこと，(iii) 雨水を貯める機能をもつ地域，雨水が地下に浸透する地域が減少し続けていたため，浸水が起きやすくなったこと，が挙げられる。神田川の中流～下流（とくに文京区以東）では河川の勾配がきわめてゆるやかなため，河床を掘り下げても水位を急減させることは不可能である。そこで，分水路（地下河川）と地下トンネル（地下調節池）を建設することにした。

写真7-2　江戸川橋分水路入口（2008年7月撮影）
中央と右が分水路の入口である。その上に江戸川橋が架かっている。

分水路は1970年度に旧大曲分水路（全長680m），1977年度に江戸川橋分水路（全長1,644m），1982年度に高田馬場分水路（全長1,640m），1987年度に水道橋分水路（全長960m），2002年度にお茶の水分水路（全長

第7章　自然環境と人間生活との関係に着目した市街地での半日巡検　137

1,300m）が完成した。このうち，江戸川橋分水路は入口が江戸川橋の下（文京区関口，写真7-2），出口が新白鳥橋の下（文京区水道，新宿区新小川町）である。暗渠2連で，230m³／秒の流下能力をもつ。地下トンネルは1996年度（第1期分），2005年度（第2期分）に神田川・環状7号線地下調節池（杉並区）が完成した。第1期・第2期を合計すると，全長4.5km，貯留量54万m³である。

※朝日新聞社会部（1982），岡崎（2002），松田（2009），菅原（2012）を参考にまとめた。

（5）胸突坂とその周り（文京区関口二丁目・目白台一丁目，観察ポイント⑤（a）～（e））

　観察ポイント⑤でのねらいは，台地と谷の地形のようすを観察させること，その間にある急坂を体感させること，坂名の由来や庭園・公園の過去の土地利用を知ること，湧水の存在を確認させることである。なお，胸突坂のすぐ南は神田川に架かる駒塚橋である。この橋の付近が縄文海進の限界と考えられている（松田 2013）。

（a）椿山荘（文京区関口二丁目）

　椿が自生し「椿山」と呼ばれていた目白台地の南端から神田川の谷は，近世末期には黒田家の大名下屋敷であった。1878（明治11）年に山縣有朋は邸宅用の土地として下屋敷跡地を購入し，そこを「椿山荘」と名付けた。現在は藤田観光が経営するホテル椿山荘東京の建物（式場や宴会場としても有名）・日本庭園などになっている[13]。地形図Aでは山縣邸であったのが，地形図Bでは藤田邸，地形図Cでは椿山荘になっていることを確認させた。

　日本庭園の遊歩道では，反時計まわりを基本に移動しながら，遊歩道からみえる湧水（古香井）が小さな谷（神田川の「支谷」）のなかに位置することを確認させた。また，庭園が目白台地と小さな谷の起伏に富んだ地形になっていることを地形図Dから確認させ，さらに遊歩道から観察させた。

写真 7-3 早稲田田圃から関口芭蕉庵をみる（明治期撮影，関口芭蕉庵保存会編の葉書）
関口芭蕉庵のすぐ北が崖で，樹木が生い茂る（この状態は現在も同じである）。なお，写真では確認が困難であるが，神田川は早稲田田圃と芭蕉庵の間を流れている。

写真 7-4 写真 7-3 とほぼ同じ撮影地点の現在（2015年5月撮影）
新宿区西早稲田一丁目の新目白通りから撮影。この通り沿いで中高層の建物が目立つように，早稲田田圃は市街地や道路に姿を変えた。

(b) 関口芭蕉庵（文京区関口二丁目）

大洗堰の改修工事に携わったとされる俳人・松尾芭蕉は，1677（延宝5）年から3年間，神田川の見えるこの場所に居住していた。その後，芭蕉を慕う人たちが芭蕉庵のルーツとなる龍隠庵を建てた。現在の建物は第2次世界大戦後に再建したものである。芭蕉はここから南に見える早稲田田圃を琵琶湖に見立て，「五月雨に かくれぬものか 瀬田の橋」の句をつくりあげたとされる[14]。

明治期まで芭蕉庵に近い神田川の谷には，早稲田田圃とよばれる水田がみられたことを迅速図，東京図，地形図Aのほか，明治期に神田川の南（早稲田田圃）から北（関口芭蕉庵）へ向かって撮影された写真 7-3 から確認させた。また，写真 7-3 と写真 7-4 を通して，地域の変容を視覚的に理解させた。

胸突坂（(c) を参照）から龍隠庵のある敷地に入り，庵のすぐ北東の湧水が崖の下に位置すること（甕に少量ながら注いでいる），湧水の東，樹木群の間

から見える芭蕉堂は崖の中腹に建っていることを確認させた。

(c) 水神社（文京区目白台一丁目）

大洗堰の守護神としてまつられたが，いつ創建されたかは不明である[15]。参道を歩きながら，谷（鳥居がある）と崖（中に拝殿がある）の起伏の大きさを体感させた。

(d) 胸突坂（文京区関口二丁目，目白台一丁目）

胸突坂は，神田川の谷（標高 9m，駒塚橋の北）から目白台地の南端（標高 26m，細川家の大名下屋敷跡で，細川家所蔵の美術品を集める永青文庫の前）までの区間にある。坂名の由来は，胸を突くような急坂であることによる（文京ふるさと歴史館 2008）。

全長約 110m，高低差 17m の急坂を体感させるにあたり，階段（82 段）と転倒防止のための手すりが設置されていることに注意を促した。

(e) 新江戸川公園[16]（文京区目白台一丁目）

近世末期には細川家の大名下屋敷であったが，明治期には細川家の邸宅，1959 年からは新江戸川公園として開放されていることを説明し，絵図，迅速測図，地形図 A・D を使用しながら，近世・近代・現代という歴史的変遷にも着目させた。公園のシンボルは回遊式泉水庭園である[17]。

半日巡検では，永青文庫の敷地から公園に入り，樹木群から池を時計まわりに移動しながら，目白台地と神田川の谷の地形の起伏を体感させた。東の崖下の樹木の間では，池へ注ぐ細い流路の形跡（地面が湿っている）が湧水であることに気づかせた（写真 7-5）。

池の西では，細川家の学問

写真 7-5　新江戸川公園でみられる湧水（2012 年 5 月撮影）
雨が降っていなくても，小さな谷の最奥部の地面が濡れている部分（写真のすぐ手前）は湧水である。

所として大正期に完成した松聲閣が改修工事中であった。この建物は新江戸川
公園集会所として住民に利用されたが，老朽化により，2006年4月から利用
することが不可能になった。さらに，2011年3月の東北地方太平洋沖地震以降，
建物の前に近づくことも不可能になった。その後，建物の基本的な形は維持し
ながら，耐震性と機能性を重視した改修工事を行うことになった。半日巡検で
は，改修工事中の建物を観察しながら，歴史的建造物の保存の意義について考
えさせた[18]。

＊文京区目白台一丁目から豊島区高田一丁目に入る。都電早稲田停留所（観察
ポイント⑥）へ向かう途中のM事業所の前に，電柱が約4mの狭い間隔で立っ
ている。そこで，北側の電柱に設置された標識と，南側の電柱に設置された町
名表示板には何が記されているか確認させた。標識には「豊島区」，町名表示
板には「新宿区西早稲田一丁目」と別々の区名が記されていることに，参加学
生は驚きの声をあげていた。そこで著者は，なぜそのようになっているのか発
問してみたところ，ある学生が「昔はここを神田川が流れていたから」と回答
した。正解かどうか，昔の神田川の流路を地形図A・Bから確認させたところ，
地形図Aでは神田川が蛇行していて，現在M事業所が建っているところは流
路で，北豊島郡高田町（現豊島区の一部）と豊多摩郡戸塚町（現新宿区の一部）
の行政界になっていたことを，地形図Bでは神田川がすでに現在の流路になっ
ていたが，豊島区と新宿区の境は旧流路のままであったことを確認させた（学
生の回答は正解）。著者は，水害対策のため，神田川の水をできるだけ速やか
に海へ流すことにより，蛇行していた流路を直線状に付け替えた結果，行政界
と流路が一致しなくなったことを説明したところ，参加学生は納得していた。
M事業所の前から南へすすみ，現在の流路となっている神田川を豊橋で渡っ
ても，町名表示は「新宿区西早稲田一丁目」であることに，参加学生は再び驚
きの声をあげつつも，納得していた。

（6）都電早稲田停留場（新宿区西早稲田一丁目，観察ポイント⑥）

観察ポイント⑥でのねらいは，停留場の立地環境（とくに自然的側面）に気

第7章　自然環境と人間生活との関係に着目した市街地での半日巡検　141

づかせること，路線の拡大・縮小について知ること，停留場の周りの市街地の
ようすを観察させることである。

　早稲田停留場は王子電気軌道時代の 1930（昭和 5）年に開業した。停留場は
神田川の谷のなかに位置する。現在は都電荒川線[19]の終点であるが，かつて
は停留場から東へレールが延びていたことを地形図 B・C から確認させた[20]。

　停留場の周りでは，新目白通り沿いで 10 階建て以上の建物が増加している
ようすを観察させた。なお，新目白通りから南東に伸びる商店街は大隈通り商
店会である。通りに人名（早稲田大学の創立者の大隈重信）がつくケースは珍
しく，大学と地域との関係を知るうえで興味深い（森 2013）。

＊都電早稲田停留場で昼食のため一時解散。同停留場に再集合後，都電荒川線
で学習院下停留場まで乗車する。荒川線は神田川の谷のなかを西へすすむが，
面影橋停留場を過ぎると，右へ急カーブしながら北へすすむ。荒川線と並行す
る道路は新目白通りから明治通りになる。神田川を渡り，上り勾配に入ると間
もなく学習院下停留場に到着する。

（7）都電学習院下停留場（豊島区高田二丁目，観察ポイント⑦）

　観察ポイント⑦でのねらいは，停留場の立地環境（とくに自然的側面）に気
づかせること，停留場の周りの樹木群のようすを観察させることである。

　学習院下停留場は王子電気軌道時代の 1928（昭和 3）年に開業した。明治通
りを挟んで北西に豊島区立千登世橋中学校[21]がある。中学校の校庭の北はコ
ンクリートの壁になっていて，その上には学習院の樹木群の一部がみられるよ
うすを観察させた。そこで，学習院（幼稚園・中等科・高等科・大学・大学院
がある）の大半は目白台地の上に位置することを地形図 D から確認させた。
さらに，停留所の脇の踏切から南北を見渡しながら，停留場は神田川の谷のな
かに位置しても，目白台地の南端に近い場所に位置することに気づかせた。

（8）のぞき坂（豊島区高田二丁目，観察ポイント⑧）

　観察ポイント⑧でのねらいは，台地と谷の地形のようすを観察させること，

写真 7-6　のぞき坂の上から見下ろす（2011年 1 月撮影）
「著しい急傾斜」には階段がないため，移動するにもひと苦労である。写真右奥の高層住宅に面した区間も坂道であるが，高低差が全くないように見える。

その間にある急坂を体感させること，坂名の由来を知ることである。

のぞき坂は，神田川の谷（標高 14m，十五番地）から目白台地の南端（標高 30m，十七番地）までの区間で，大正期につくられた。坂名の由来は，著しい急傾斜であるため，目白台地の南端から恐る恐る下をのぞき見る旨の内容に基づく（岡崎 1981 など）。坂の後半は約 60m すすむと 10m 標高が高くなることから，「著しい急傾斜」を体感するには十分すぎるほどである。坂の下から見上げることにより，あるいは坂の上から振り返ることにより，起伏にきわめて富んだ地形を観察させた。また，坂を下る自動車が速度を落として慎重な走行をしていても，対向車線をわずかにはみ出してしまうようすも観察させることで，この坂が「著しい急傾斜」であることを実感させた。

　なお，神田川の谷のすぐ南は淀橋台地であり，新宿区西早稲田・高田馬場などの町並みが展開しているようすを観察させた（写真 7-6）。

＊のぞき坂を上りきってからの突き当たりには，2008 年 6 月の東京メトロ副都心線（池袋〜渋谷間）の開通にあわせて新設された雑司が谷駅の 3 番出入口が目白通りに面して設置されている。なお，豊島区東部・中部における目白通りのルートは，近世の清戸道（観察ポイント②を参照）のルートと一致する。目白通り沿いには商店街の東目白振興会があり，5 〜 9 階建ての建物（下の階は店舗，上の階は集合住宅）が目立つ。

(9) 千登世橋（豊島区高田二丁目ほか，観察ポイント⑨）

　観察ポイント⑨での主なねらいは，千登世橋の歴史的背景について，目白通りと明治通りとの関係とあわせて理解させること，台地と谷の地形のようすを観察させることである。

　千登世橋中学校の校名の由来にもなった千登世橋は1933（昭和8）年に完成した。この橋は目白通り（近世の清戸道のルートと一致）の区間にあり，全長26mのアーチ構造をもつ。東京の環状道路である明治通りを建設するにあたり，目白通りと交差する部分を立体にした（東京で最初の立体交差橋，目白通りは上，明治通りは下，写真7-7）。竣工当時の姿のままであり，歴史的建造物としての価値が高い（東京学芸大学地理学会編1982，伊東1993）。石造りの親柱の脇には，明治通りの建設に貢献した東京府土木部長の来島良亮（くるしまりょうすけ）の記念碑がある。記念碑のそばにあるレリーフには，千登世橋をバックに明治通りを走る東京都交通局のトロリーバス[22]も描かれていて，地域の交通の変遷を知るうえで興味深い資料であることを説明した。

　都電と並行する明治通りの坂は，目白台地の南端から神田川の谷までの長い区間である。台地の部分を切り通しにしたため，比較的ゆるやかな坂になっているようすを，都電を挟んで東に位置するのぞき坂（観察ポイント⑧を参照）と比較させながら観察させた。明治通りと同様，都電も目白通りの下で交差するが，この部分は千登世小橋（ちとせこはし）である。この橋から起伏に富んだ地形，新宿駅西口の高層建築群のようすを観察させた。

写真7-7　明治通りからみた千登世橋（2008年7月撮影）
明治通りの上に架かる千登世橋のアーチは，自動車・バイク・自転車・歩行者の行き来を支え続けている。

144

（10）鬼子母神通り商店 睦 会（商店街）（豊島区雑司が谷二丁目・三丁目，
観察ポイント⑩）

　観察ポイント⑩でのねらいは，商店街のようすを観察させること，商店街の
活性化の取り組みを知ることである。

　1935（昭和10）年頃に設立された鬼子母神通り商店睦会は，目白通りにあ
る高田一丁目交差点から鬼子母神の表参道付近まで形成されている。2〜4階
建ての個人商店（住宅と兼用）の店舗が多いようすを観察させた。店舗により
ちがいはあるが，睦会全体では，近隣の住民が歩いて利用するケースが多い。
2000年代に入ってから閉店した店舗が相次ぐようになり，商店街設立以前か
ら営業を続けている老舗は，S畳店（1877［明治10］年創業），T和菓子店（1919
［大正8］年創業），K薬局（大正期創業）だけになったことを説明した。

　睦会の活性化に向けた取り組みでは，「わめぞ」との協力で，店舗の軒先な
どでの古本市を中心とした「みちくさ市」の開催（年4回程度）が挙げられる
[23]。半日巡検当日は第29回の開催日であり，多くの人でにぎわっていた。

＊睦会のほぼ中間地点で，都電荒川線鬼子母神前停留場の踏切を渡る。この踏
切から北をみると，軌道が途中で低くなっている部分があることを確認させた
うえで，その理由は何かを考えさせた（回答は，この後に雑司ヶ谷鬼子母神堂
［観察ポイント⑫を参照］などで説明）。この停留場のすぐ近くには，東京メト
ロ副都心線の雑司が谷駅の1・2番出入口がある。地形図Dをみると，都電の
線路脇には住宅，商店などが密集していたが，2000年代に入ってから都道お
よび東京メトロの建設により取り壊された。なお，都電と都道の真下には，東
京メトロの線路・雑司が谷駅のホームが設置されている（東京地下鉄株式会社
2009）。

（11）並木ハウスアネックス（豊島区雑司が谷三丁目，観察ポイント⑪）

　観察ポイント⑪でのねらいは，歴史的建造物がどのように利用されているか
について知ることである。

　ケヤキ並木の表参道に面して建つ洋館風の建物は，1933（昭和8）年に完成

した並木ハウスアネックス（木造2階建て）であり，かつては集合住宅として利用されていた。2008年に保存のための改修工事が完成した後は，ここに5軒入っている（写真7-8）[24]。そのうちの1軒が2010年7月に豊島区が開設した雑司が谷案内処（管理・運営はとしま未来財団に委託）であり，1階の案内コーナーでは鬼子母神の参詣土産の「すすきみみずく」が販売されている。また，2階の展示ギャラリーでは未来遺産[25]の登録認定記念の企画展「『写真で未来を撮ろう』応募写真展」（2015年5月16日～6月7日）が開催されていた。

写真7-8　表参道に面して建つ並木ハウスアネックス（2015年5月撮影）
写真右のアネックスの前を歩いて移動する人の姿，その前で立ち止まっている人の姿がみられる。

　観察ポイント⑪では，アネックスに入っている5軒のうち，案内処だけを取り上げるにとどまったが，歴史的建造物の保存・活用は，雑司が谷の観光による活性化に寄与することを説明した。

（12）雑司ヶ谷鬼子母神堂（豊島区雑司が谷三丁目，観察ポイント⑫）

　観察ポイント⑫での主なねらいは，雑司ヶ谷鬼子母神堂の歴史的背景について気づかせることである。

　鬼子母神を祀る鬼子母神堂は，1578（天正6）年の創建である。現在の鬼子母神堂は1666（寛文6）年の造営で，豊島区最古の建物であるうえ，東京都の有形文化財に指定されている（庄田2002）[26]。なお，境内にある上川口屋は1781（天明元）年創業で，「日本最古の駄菓子屋」として知られる（以前は「すすきみみずく」も販売されていた）。半日巡検当日の境内では，ものづくり作家が自ら出店・販売する「雑司ヶ谷手作り市」が開催されていた[27]。「わめぞ

市」と同様，多くの人でにぎわっていた。

＊境内から境外（北東）をみると，途中で低くなっている部分があることを確認させたうえで，その理由は何かを考えさせた。鬼子母神前停留場の踏切から北をみたときと同じ理由であることを話したところ，ある学生から「川が台地を侵食した結果，谷がつくられたから」の回答があった（学生の回答は正解）。その理由を理解させるため，境外の低くなっている部分へ下りていった。

＊低くなっている部分では，まず東京音楽大学の角の四差路から，南東へ延びる道路が蛇行していることに気づかせた。この道路がかつて弦巻川であったことを迅速図，地形図Ａ・Ｂから確認させてから，同川が蛇行していたのは，河床勾配がゆるやかなためであることを理解させた。弦巻川が1932（昭和7）年に暗渠化されると，河川跡は道路にかわり，その下を下水道が設置されたことを説明した。また，地形図Ｄの一部を200％に拡大して標高ごとに着色したもの（図7-2）を提示しながら，弦巻川が長い年月をかけて台地を侵食した結果，開析谷が形成されたこと，音羽の開析谷の形成（観察ポイント①，③を参照）には同川も関係していることも説明した。そして，鬼子母神前停留場の踏切から北をみたとき，軌道が途中で低くなっている部分があるのは，そこが弦巻川の開析谷であることを地形図Ｂから確認させた。

＊東京音楽大学の角の四差路から，弦巻川の流路跡を北西（水源，観察ポイント⑭を参照）へ向かってすすむ。明治通りと交差する地点まで，進行方向から南（目白台地）と北（池袋台地）がいずれもゆるやかな上り坂になっているようすを観察させ，流路跡が開析谷の谷底にあたることを体感させた。しかし，明治通りを過ぎると，流路跡と道路が一致しない区間が多くなる。その途中で西武池袋線のガード下をくぐる。

（13）びっくりガード（豊島区南池袋一丁目，観察ポイント⑬）

観察ポイント⑬でのねらいは，ガード名（愛称）の由来を知ること，ガード

第 7 章 自然環境と人間生活との関係に着目した市街地での半日巡検　147

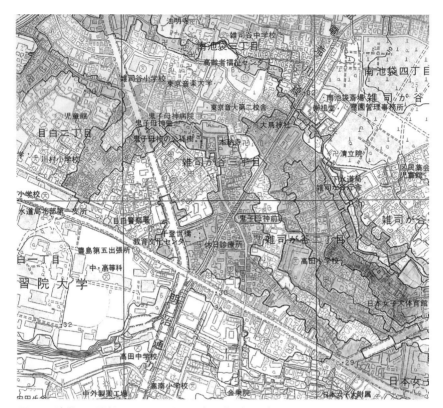

図 7-2　弦巻川の開析谷からみた地形の高低差（雑司が谷二丁目・三丁目を中心として）
（10,000 分の 1 地形図「池袋」を 106％に拡大，1998 年修正）
標高 20 〜 22m，22 〜 24m，24 〜 26m，26 〜 28m，28 〜 30m の部分をそれぞれ異なる色で着色した。

下がどのような地形に位置しているか確認すること，ガード下を行き来する車や人の往来を観察させることである。

　びっくりガードは，JR（旧国鉄）山手線と西武池袋線の下を通る立体交差である。もとのガードは山手線の部分だけであったが，すでに「びっくりガード」と呼ばれていた。ガード名（愛称）の由来は，（ⅰ）馬がガード上を通る列車の轟音にびっくりしたこと，（ⅱ）道幅が狭い頃，対向車とすれ違ってびっく

写真 7-9 びっくりガードの交差点（2015 年 6 月撮影）
交差点の奥に延びる道路（池袋駅構内のため，無断立入禁止）は，坂を上がり，そこから右へ急カーブして西武池袋線の踏切を渡っていたときの名残である。

りしたこと，(ⅲ) 大雨の直後，ガード下に大きな水たまりができてびっくりしたこと，など諸説ある[28]。どれが正しいか別として，(ⅱ) では，地形図 C から道路のルートに着目させ，西から東へ移動する場合，山手線のガード下をくぐってから左へ急カーブして坂を上がり，そこから右へ急カーブして池袋線の踏切を渡っていたことを確認させ，その道路の名残を観察させた（写真 7-9）。そして，左の急カーブで対向車とすれ違うときに，最もびっくりしたことを紹介した。(ⅲ) では，ガード下が弦巻川の開析谷にあたり，日当たりの悪い谷底に水がたまりやすかったことを紹介した。

1960 年代前半には，池袋線の部分もびっくりガードの一部になったため，対向車のすれ違いでひと苦労しなくなった。ガード下は池袋駅付近での東西の移動に重宝されているため，車や人の往来が多いようすを観察させた。

（14）丸池跡付近（豊島区西池袋一丁目，観察ポイント⑭）

観察ポイント⑭での主なねらいは，地名の由来と関係が深い丸池がどこにあったかを確認させること，地名ゆかりの碑と丸池のあった場所との関係を知ることである。

1998 年に開園した元池袋史跡公園には，池袋地名ゆかりの碑と成蹊学園発祥の碑がある。前者は丸池（弦巻川の源流）が池袋の地名の由来となったこと，後者は成蹊大学の前身の成蹊実務学校が 1911（明治 44）年にこの地（丸池を含む場所）に開校したことが記されている。もともと 2 つの碑は，西隣の 26 階建ての集合住宅が建っている場所にあったもので，ここにはかつて元池袋公

園があった。しかし，公園はその下での下水道工事により閉鎖されたため，碑は元池袋史跡公園へ移設された（豊島区郷土資料館 2009）。したがって，地名ゆかりの碑は丸池があった場所からわずかにずれていることに注意を促した。

　迅速図，地形図 A・B には丸池が示されていないが，弦巻川が示されていることから，その上流をたどりながら，源流（開析谷の最奥部）を確認させた。

＊東京音楽大学の角の四差路から丸池跡付近まで，弦巻川の開析谷のなかを移動してきた。現在，開析谷のなかも台地の上も建物が密集しているが，1909（明治 42）年当時，開析谷のなかでは水田，台地の上では畑が多かったことを地形図 A から確認させた。池袋駅の開業（1903 年）から 6 年経過し，池袋駅のすぐ東に建物がいくらか集まっているが，まだ市街地が形成されていなかったことを確認させた。開析谷のなかと台地の上が市街地で覆い尽くされるのは，関東大震災（1923 年）以後である。これは，被害が甚大であった東京東部・下町低地からの人口流入が多かったためである（東京学芸大学地理学会編 1982）が，震災以前に池袋駅が鉄道ターミナルになっていたことも見逃せない。

（15）池袋西口公園（豊島区西池袋一丁目，観察ポイント⑮） [29]

　観察ポイント⑮では，教育用地の跡地が公園に転用されたこと，公園の立地の優位性について池袋駅からの近接性に着目しながら理解させた。

　1970 年に開園した池袋西口公園は，東京学芸大学附属豊島小学校・中学校（当初は豊島師範学校）の跡地につくられたことを地形図 A 〜 C から確認させた。1990 年には東京芸術劇場の開設にあわせて，再整備された [30]。公園名に「池袋西口」がついているように，公園は交通（鉄道・路線バス）の要所である池袋駅の西口からきわめて近いため，イベント開催時には多くの人でにぎわうことを説明した。半日巡検当日は「池袋ジャズフェスティバル 2015」が開催され，池袋西口公園はメイン会場になっていた [31]。

＊迅速図の製版が 1886 年（明治 19）のものには，1885（明治 18）年開業の日本鉄道品川線（品川〜赤羽間，現 JR 山手線・埼京線の一部）が示されている。

1885年当時，現在の豊島区に開業したのは目白駅だけであった。1903（明治36）年に日本鉄道豊島線（現JR山手線の一部）の池袋〜田端間が開通した（地形図Bでは品川線・豊島線とも国有化）。当初は目白〜田端間の計画であったが，目白駅とその周りに平坦でかつ広い土地がなかったことから，池袋（新設駅）〜田端間に変更されたことを説明した（コラム7を参照）。

4．半日巡検に対する参加学生の反応

参加学生には，実施直後のアンケート（レポートと兼用）を課した。本節はアンケートに記された内容をもとに，参加学生の反応を紹介し，考察したものである。

参加学生の全員は，文京区関口〜豊島区西池袋間における地域的特色の理解を深めることができたと回答していた。観察の視点の（ア）で，過去の状況に目を向けた内容では，「昔の神田川で蛇行する区間があったのは，川の勾配がなかったからだと思います」，「事業所の前が豊島区と新宿区の境界になっていて驚いたが，かつてはここが神田川の流路であったことを知って納得した」，「今宮神社の入口の道路になぜ石橋が埋められているのか，東京音楽大学の前を通る道路がなぜ蛇行しているのか，巡検に参加したことでよくわかった」などの記載があった。また，今日的な問題に目を向けた内容では，「大都市は便利な一方で，水害対策が大規模なものになるので大変だと感じました」の記載があった。

観察の視点の（イ）では，樹木群より湧水のほうを記載する傾向が強かった。これはやや以外であったが，現地を実際歩いてみるまで，参加学生は現在の文京区や豊島区には湧水が全く存在しないと思っていたためであろうか。湧水のうち，椿山荘の古香井を記載した学生が複数いたのは，観察の視点の（ウ）を生かした庭園に湧水が存在することに強い印象をもったためと考えられる。その（ウ）では，神田川の谷と目白台地を結ぶのぞき坂を記載した学生が多かった。これは，高低差が大きいことを確認することが可能になっただけでなく，著し

い急傾斜を体感したことに強い印象をもったためと考えられる。なお、「巡検の参加後、他の場所を歩くときには地形の起伏を意識しながら歩くようになった」の記載もあり、半日巡検で得られた体験を他地域で生かしていることがわかる。さらに、（ウ）の「台地の土地利用」では、東京学芸大学附属豊島小学校・中学校の跡地に池袋西口公園があること、（ウ）の「谷の土地利用」では、神田川流域の市街地が明治期には早稲田田圃であったことなど、土地利用の変遷にも関心を深めていた。

観察の視点の（エ）では、「私は清瀬市に住んでいながら、清戸道の存在をはじめて知りました。地元の歴史や地理についてほとんど知らないことを思い知らされました。今度時間があれば、清瀬市から江戸川橋まで清戸道をたどってみたいと思います」の記載があり、地元（居住地）にも目を向けようとしている姿勢がうかがえる。

また、半日巡検の参加を通した内容では、「今回の地理巡検で「昔を知る」ためには、ただ文献を調べるだけでなく、今の地域をじっくり観察して、そこから生じた疑問などを追及していくことも大切だと思った」の記載があった。この記載は、清水（2008）の巡検学習での観察を通して、地域と人間との消え去った関係をつかむことの重要性を指摘した内容に通じる。

以上の内容から、参加学生は自分なりに、文京区関口〜豊島区西池袋間における地域的特色を理解したといえる。これは「自然と人間との関係」を理解することの重要性を踏まえると、半日巡検の実施による成果は大きいと考える。

5. おわりに

今回の半日巡検では、（ア）の「河川・河川跡とその流域」、（イ）の「台地の崖などに残存する樹木群と湧水」、（ウ）の「台地と谷の地形と土地利用」、（エ）の「新旧の交通路（鉄道・道路）」の4つの視点に着目した。新旧の地図を使用したことにより、参加学生は白山〜大塚間の地域的特色の現在だけでなく、過去にもさかのぼって理解を深めることが可能になったといえる。

半日巡検では視点が5つ以上になると，テーマが散漫になりやすくなるため，前述の4つの視点に絞った。しかし，東北地方太平洋沖地震の発生を契機に，地理教育における防災教育の重要性が改めて指摘されていること（例えば，岩田・山脇編，2013）を考えると，「水害・大地震の発生と対策」を視点に加えてもよかったかもしれない。今回の半日巡検のコースであれば，水害では1時間の降水量50mmを越える集中豪雨で，処理能力を失った下水道[32]に目を向けることも重要であろう。また，大地震では観察ポイント⑤（e）で改修工事中の松聲閣から，建物の倒壊・火災の危険性に関して取り上げることも重要であろう。これらについては，今後の検討課題としたい。

付記
本章は，2011年6月26日に実施した全国地理教育学会第7回地理教育基礎巡検（その内容は「地理教育基礎巡検の実施と地域的特色の理解—東京都文京区南西部・豊島区南部を中心として—」地理教育研究，第11号［2012年10月］を参照）を骨子に，その後の再調査をもとに，今回実施した地理教育巡検の内容を加えて，再構成したものである。

注
(1) 第4章の注（1）を参照。
(2) 第6章の注（2）を参照。
(3) 第6章の注（3）を参照。
(4) 第6章の注（4）を参照。
(5) 音羽通りでは1971年3月に都電が廃止され，1974年10月に営団地下鉄有楽町線が開通した（帝都高速度交通営団 1991）。なお，地形図Dでは有楽町線は東京メトロでなく，営団地下鉄である。
(6) 坂名の由来は，途中に目白不動の本尊とする新長谷寺があったことに由来する（文京ふるさと歴史館 2008）。しかし。新長谷寺は1945年5月の戦災により廃寺になったため，本尊は金乗院（豊島区高田二丁目）に合併安置された。
(7) 今宮神社の鳥居前の道路から東方向をみることにより，音羽の開析谷と小日向台地の高低差の大きさを確認することが可能である。
(8) 1969年に開通した護国寺～西神田間の一部であり（首都高速道路公団，

第 7 章　自然環境と人間生活との関係に着目した市街地での半日巡検　153

1979），弦巻川の流路跡と重なる区間がある（弦巻川は絵図，迅速測図，東京図，地形図 A・B に示されている）。

(9)　文京区のホームページ「公園等の案内」の「江戸川公園」http://www.city.bunkyo.lg.jp/bosai/midori/kuritukouen/kouen/edogawa.html，文京区役所での聞き取り調査による。

(10)　半日巡検の実施後，著者は松井（2004）の文献から，大井が 1907（明治 40）年から 1928（昭和 3）年まで東京府議会議員を務めたことを知り得た。したがって，護岸改修の実現では，大井の政治家としてのイニシアチブも大きかったと考えられる。

(11)　朝日新聞社会部（1982），菅原（2012）による。

(12)　文京区役所での聞き取り調査によると，水害対策のための川幅の拡大工事で，流路のすぐ脇の斜面のなかから取水口で使用された大きな石の塊が発見された。そこで，この石の塊から，実際よりも小さめの堰に復元したものを細長い池に設置した。

(13)　詳細はホテル椿山荘のホームページ https://hotel-chinzanso-tokyo.jp/ を参照。

(14)　岡崎（2002），文京区のホームページ「観光スポット等」の「関口芭蕉庵」http://www.city.bunkyo.lg.jp/bunka/kanko/spot/shiseki/bashoan.html による。なお，「早稲田田圃」の「早稲田」は，通常よりも早い時期に植える田を意味し，やがて地名，大学名などに使用された。

(15)　文京区のホームページ「観光スポット等」の「水神社」http://www.city.bunkyo.lg.jp/bunka/kanko/spot/jisha/suijinjya.html，文京区教員委員会設置の案内板による。

(16)　2017 年 3 月に肥後細川庭園に改称されたが，本稿では半日巡検の実施当時の名称で記した。

(17)　文京区のホームページ「公園等の案内」の「肥後細川庭園」http://www.city.bunkyo.lg.jp/bosai/midori/kuritukouen/kouen/higohosokawa.html による。

(18)　2016 年 1 月に利用を再開した。詳細は文京区のホームページ「集会施設」の「肥後細川庭園松聲閣集会室」http://www.city.bunkyo.lg.jp/shisetsu/kumin/shukai/syouseikakusyuukaisitu.html，2016 年 1 月 15 日「毎日新聞」（東京版）「松聲閣 文京区民に公開 肥後・細川家ゆかりの建物 改修終え，あす開所式」による。

(19)　王子電気軌道時代を含む都電荒川線の詳細は宮松（1986）を参照。

(20)　1918（大正 7）年 6 月に当時の東京市電気局により，江戸川橋停場まで開通した（早稲田停留場は王子電気軌道の同名の停留場から東に位置）。1968 年 9 月

の時点では，15系統（高田馬場駅前～茅場町）と39系統（早稲田～厩橋間）が運行されていた（東京都交通局 1981, 2011）。

(21) 地形図Dでは高田中学校になっているが，1999年4月に雑司が谷中学校との統廃合により，千登世橋中学校になった（豊島区立千登世橋中学校のホームページ http://toshima.schoolweb.ne.jp/chitosebashi_j/ による）。

(22) トロリーバスは無軌条電車ともいう。銅板に描かれているトロリーバスは102系統（池袋駅～品川駅間，渋谷駅経由）である。この系統は1967年12月に渋谷駅～品川駅間が廃止され，1968年3月に池袋駅～渋谷駅間も廃止された（東京都交通局 1981）。

(23) 「わめぞ」は，新宿区早稲田（わせだ），豊島区目白（めじろ），雑司が谷（ぞうしがや）で本に携わっている人たちのグループ。また，「みちくさ市」（2008年から年4回程度開催）の詳細は「鬼子母神通り みちくさ市」のブログ https://kmstreet.exblog.jp/ を参照。

(24) 2015年2月9日号「AERA」（朝日新聞出版）の「手塚治虫の思い出残る？東京のリノベカフェ」による。

(25) 雑司が谷に古くからある地域資源に光をあて，それを次の世代に受け継ぎながら，魅力的なまちづくりをすすめるため，2006年には地元住民・団体が中心となり，「雑司が谷・歴史と文化のまちづくり懇談会」が発足した。同会の「雑司が谷がやがやプロジェクト」の活動は，2014年12月の未来遺産の登録認定につながった（詳細は公益財団法人 日本ユネスコ協会連盟のホームページ「第6回プロジェクト未来遺産」http://unesco.or.jp/mirai/result/pj/006/，2015年2月11日付「豊島新聞」の「「雑司が谷がやがや」プロジェクト 日本ユネスコ未来遺産登録 歴史と文化のまちづくり」などを参照）。

(26) 2016年7月に国の重要文化財に指定された。豊島区のホームページ「雑司が谷の鬼子母神堂，正式に重要文化財に指定」https://www.city.toshima.lg.jp/013/kuse/koho/hodo/h2807/1607261034.html による。

(27) 2006年から月1回，第3日曜日に開催されている。詳細は手創り市鬼子母神のホームページ http://www.tezukuriichi.com/home.html を参照。

(28) 豊島区郷土資料館（2002），目白警察署のホームページ「南池袋交番」http://www.keishicho.metro.tokyo.jp/about_mpd/shokai/ichiran/kankatsu/mejiro/koban/02.html などによる。

(29) 東京学芸大学地理学会編（1982），庄田（2002）などは，池袋西口公園を含

む池袋界隈の地域変容について，東京の副都心に着目しながら解説している。

（30）　豊島区のホームページ「公園ガイド」の「池袋西口公園」http://www.city. toshima.lg.jp/340/shisetsu/koen/029.html による。

（31）　2009 年から現在の一般公募でアマチュアバンドが参加するストリート・フェスティバルになり，毎年 5 月の土曜日・日曜日に 2 日間にわたり開催される。詳細は池袋ジャズフェスティバルのホームページ http://www.ikebukurojazz.com/ を参照。

（32）　半日巡検では，弦巻川跡につくられた下水道を事例として，2008 年 8 月の集中豪雨で下水道工事の作業員が増水に巻き込まれて亡くなった事故を取り上げた。大都市では処理能力を失った下水道が水害を助長したことが問題になっている。これに対して，行政や住民がどのように対処すべきか考えさせることは，地理教育の観点から重要である。

参考文献

朝日新聞社会部（1982）：『神田川』，未来社，252p.（1986 年に新潮社から新潮文庫として発行）

伊東　孝（1993）：『東京再発見―土木遺産は語る―』（岩波新書），岩波書店，238p.

岩田　貢・山脇正資編（2013）：『防災教育のすすめ―災害事例から学ぶ―』，古今書院，142p.

岡崎清記（1981）：『今昔 東京の坂』，日本交通公社出版事業局，430p.

岡崎博之（2002）：落合・目白・高田・関口―神田川中流域の地歴散歩―，全国地理教育研究会監修『エリアガイド 地図で歩く東京 II 東京区部西』，古今書院，pp.12-15.

神代武男（1995）：『練馬のむかし―富士講と清戸道―』，神代武男，117p.

清水幸男（2008）：地理教育における道の取り扱い方―身近な地域と道―，山口幸男・八田二三一・西木敏夫・小林正人・泉　貴久編『地理教育カリキュラムの創造―小・中・高一貫カリキュラム―』，古今書院，pp.227-232.

清水龍光（1999）：『水―江戸・東京／水の記録―』，西田書店，205p.

首都高速道路公団（1979）：『首都高速道路公団二十年史』，首都高速道路公団，638p.

庄田正宏（2002）：池袋・大塚・巣鴨―池袋副都心とその周辺―，全国地理教育研

究会監修『エリアガイド 地図で歩く東京 II 東京区部西』，古今書院，pp.64-67.

菅原健二（2012）：『川の地図辞典 三訂版 江戸・東京／23区編』，之潮，464p.

帝都高速度交通営団編 1991)：『営団地下鉄五十年史』，帝都高速度交通営団，721p.

東京学芸大学地理学会編（1982）：『東京百科事典』，国土地理協会，755p.

東京地下鉄株式会社（2009）：『東京地下鉄道副都心線建設史』，東京地下鉄株式会社 979p.

東京都交通局（1981）:『東京都交通局70年史—再建10年の歩み—』，東京都交通局，352p.

東京都交通局（2011）：『都営交通100周年 都電写真集』，東京都交通局，159p.

豊島区郷土資料館（2002）：「かたりべ 68」，豊島区郷土資料館，6p.

豊島区郷土資料館（2009）：「かたりべ 92」，豊島区郷土資料館，6p.

文京ふるさと歴史館（2008）：『ぶんきょうの坂道 改訂版』，文京ふるさと歴史館，168p.

正井泰夫（1987）：『城下町東京—江戸と東京との対話—』，原書房，217p.

松井 繁（2004）：『奥村三策の生涯—近代鍼灸教育の父—』，森ノ宮医療学園出版部，227p.

松田磐余（2009）：『江戸・東京地形学散歩 増補改訂版—災害史と防災の視点から—』，之潮，318p.

宮松丈夫（1986）：『王電・都電・荒川線』，大正出版，145p.

森 まゆみ（2013）：『むかしまち地名事典』，大和書房，256p.

コラム7　豊島区に存在する「鉄道忌避伝説」を考える

　著者が地理教育巡検の論文を発表するようになってから，「巡検に鉄道があまり出てきませんね」のコメントをいただいたことがあります（著者が交通地理学を専門としていることもありますが）。実際，地理教育巡検のコース・視点を考えていくと，鉄道が登場しないこともあります。しかし，白山キャンパスへ通う東洋大学の多くが通学で鉄道利用していることを踏まえると，地理教育巡検で鉄道を取り上げる意義は大きいといえます。本コラムでは，地理教育巡検で鉄道を取り上げるなかで，豊島区に存在する「鉄道忌避伝説」を考えてみたいと思います。

　「鉄道忌避」とは，1888（明治20）年前後に，地域の人たちが「蒸気機関車から出る火の粉で火災が起き，煤煙で農産物が枯れる」，「鉄道が通り，駅が設置されると，宿場町がさびれる」などの理由で，鉄道建設に反対したとする言い伝えです。しかし，青木栄一氏は『鉄道忌避伝説の謎』（吉川弘文館，2006年）で，日本各地の詳細な事例研究から，鉄道建設の反対の根拠となる基本史料が存在しないため，前述の言い伝えを「鉄道忌避伝説」と称しました。その結果，「鉄道忌避伝説」は事実でないことが明らかになってきました。本コラムで「鉄道忌避伝説」を取り上げた理由は，青木氏が『鉄道忌避伝説の謎』で，小学校・中学校における社会科の「身近な地域の学習」（地理教育巡検も含まれるでしょう）では「鉄道忌避伝説」が常識として扱われてきたことを指摘していたためです。

　本コラムのタイトルは，1903（明治36）年に日本鉄道により開通した池袋〜田端間（巣鴨経由，現 JR 山手線の一部）に関するものです（このときに池袋駅が開業しました）。1885（明治18）年開業の品川〜赤羽間で，現豊島区から田端へ分岐する区間について，中村建治氏は『山手線誕生』（イカロス出版，2005年）で，1897（明治30）年に日本鉄道が目白〜田端間（雑司が谷経由，

図コラム 7-1) を出願し，建設に取りかかろうとしたところ，目白付近が急勾配（著者注：目白駅のすぐ南は神田川の谷の急斜面）で，台地を切り取ったところに目白駅が設置されていたため，構内を広げる余地がなかったこと（地形的制約）を記しているのですが，目白付近の住民が「蒸気機関車の噴煙によって家に火が付き，火事になる」として反対運動が存在したことも記しています。しかし，1890年代後半は全国各地で鉄道誘致運動がさかんな時期と重なります。鉄道誘致の根拠となる基本史料も発見されています。また，鉄道が地域の発達に大きな役割を果たすことは，世間で広く認識されていました。それらを踏まえると，目白付近の住民の反対運動は不自然です。鉄道建設に反対する特別な理由があったとすれば，その基本史料を提示しなければなりませんが，中村氏は古老の昔話を事実として受け止めているようです（このことは，池袋駅の設置に関する内容にもみられますが，紙面の関係から割愛します）。なお，著者が豊島区教育委員会に問い合わせてみましたところ，同区の鉄道建設・駅設置の反対の根拠となる基本史料は存在しないという回答をいただきました。

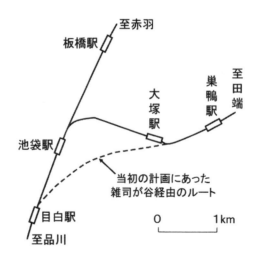

図コラム 7-1　目白～田端間は雑司が谷経由から池袋経由に変更（中村建治，[2005] を改変して作成）
雑司が谷経由のルートは推定である。

コラム7 豊島区に存在する「鉄道忌避伝説」を考える　159

目白付近での鉄道反対運動の内容が, 小林裕一氏の『山手線 駅と町の歴史探訪』（交通新聞社, 2016 年）などの図書にそのまま引用されていることを考えると,「鉄道忌避伝説」は拡大再生産されているといえます。

さて,『山手線 駅と町の歴史探訪』を読むと, 巣鴨駅のページで気になる内容がありました。十五代将軍であった徳川慶喜は 1897（明治 30）年に静岡県から巣鴨へ居住しましたが, 1901（明治 34）年に現文京区小石川に再移住しました。小林氏は「慶喜はよほど鉄道が嫌いだったのだろう,「騒音が嫌」ということで, 巣鴨の屋敷を処分」したとしています。おそらく, JR 巣鴨駅南口そば, 中山道（白山通り, 国道 17 号）沿いの「徳川慶喜梅屋敷跡」碑の横にある案内板（1998 年に巣一商店会と豊島区教育委員会が設置）の後半の文章「巣鴨邸のすぐ脇を鉄道（目白〜田端間の豊島線, 現在の JR 山手線）が通ることが決まり, その騒音を嫌ってのこととされている」を参考にしたと思われます。著者は徳川慶喜の研究者でありませんが, 慶喜の「鉄道忌避」の根拠となる基本史料が存在するのか疑問を感じています。現在と違って, 1890 年代の品川〜池袋〜赤羽間は列車の本数が少なかったため, 慶喜が列車の騒音に四六時中不快感をもつことはあり得ません。当時の世間の鉄道に対する認識と照らし合わせてみても, 小石川への再移住の理由を「鉄道嫌い」とするのは「鉄道忌避伝説」であって, 事実でないとみるべきでしょう。余談になりますが, 慶喜が静岡県在住時に撮影した写真のなかには,「安倍川鉄橋上り列車進行中之図」（茨城県立歴史館蔵）があります。蒸気機関車が客車を牽引して近づいてくるようすから, 慶喜を「鉄道嫌い」とみなすのは無理があります。これらを踏まえると, 案内板の後半の文章は一考を要するところです。

地理教育巡検を含む地理学習はもちろん, 歴史学習で教員や子どもたちが「鉄道忌避伝説」を事実として受け止めないようにするために, 教育委員会は小学校・中学校で使用する副読本をはじめ, 一般向けの図書, パンフレット, 案内板, ウェブサイトなどの記載には十分慎重にあってほしいと思います。また, 教員の教材研究, 子どもたちの調べ学習などで, 図書やウェブサイト（教育委員会の発行・作成であるかないかは問わず）を利用する場合,「鉄道忌避伝説」の内容には要注意です。

＊本稿をまとめるにあたり，豊島区教育委員会（学芸員）の伊藤暢直氏からご教示をいただきました。

第8章 近世末期・明治期以降の地域変容に着目した市街地での半日巡検
——豊島区東部～北区南東部での実践

1. 半日巡検のテーマ・視点と事前学習

　本章は，教職科目「地理学」の前期の授業（1部：人文地理学A，2部：地理誌学A[(1)]）を履修している学生を対象に，近世末期・明治期以降の地域変容に着目した市街地での半日巡検として，豊島区東部～北区南東部（文京区北部を経由）での実践（2014年5月25日［日曜日］）の内容を取り上げたものである。巡検対象地域は，東洋大学白山キャンパスから北西～北東部，豊島区南大塚～北区田端（文京区本駒込を経由）間である。この地域は，JR山手線の大塚駅～巣鴨駅～駒込駅～田端駅間（東洋大生にとって通学などでなじみの深い区間）の周り，すなわち学校の周りに該当する[(2)]。

　半日巡検のテーマは，「豊島区南大塚～北区田端間の地域的特色の理解―近世末期・明治期以降の地域変容に着目して―」である。東洋大生の多くは，大塚駅のホームが地上より高所，巣鴨駅のホームが地上より低所，駒込駅のホームが北口・南口より低所，同駅のホームが東口より高所であることを知っていても，ホームと出入口との高低差は地形の高低差（台地と開析谷の起伏）によることを意識していない。また，大塚駅～巣鴨駅～駒込駅～田端駅間とその周りが近世・明治期に都市（市街地）と農村（非市街地）の境界付近，あるいは市街地のなかにあったことをよく知らない。そこで半日巡検では，地形の高低差をもつ地域がどのように変化したか，土地利用や景観に関心を払いながら，地域的特色の理解を深めることにした。また，地域変容は自然と人文が密接にかかわっているが，半日巡検では台地と開析谷，開析谷をつくり出した河川にも関心を払いながら，地域的特色の理解を深めることにした。

半日巡検の視点は次の4点である。

（ア）都市と村落の境界付近の変容

（イ）市街地の土地利用と景観

（ウ）台地と谷の起伏に富んだ地形

（エ）消失した河川とその流路

参加学生（計9名，文学部・法学部・社会学部[3]）には事前学習として，授業の配布資料（地形図を扱った地図学習）で復習するように指示した。

2. 半日巡検のコースと地図
——10,000分の1地形図の使用を中心として

半日巡検のコースは，JR大塚駅から巣鴨地蔵通り商店街，JR・東京メトロ駒込駅などを経由して，JR田端駅まで約9kmの区間（図8-1, 2）で，一部区間を除き，歩いて移動した。観察ポイントで立ち止まっての参加学生による地理的事象の観察，そこでの案内者（著者）の説明のほか，昼食時間を加えると，所要時間は6時間30分である（集合9時00分，解散15時30分）[4]。コースの設定では，図8-1のように，近世末に都市と村落の境界が近かったところを可能な限り通るようにした。また，地形の起伏を実感しやすくするため，台地と開析谷を西から東へ横断するような形をとった。

半日巡検のコースは，第3節の観察ポイント①〜⑭（第3節を参照）とあわせて，1998年修正の10,000分の1地形図「池袋」，「上野」の一部に示した（図8-2）。当日の配布資料には，図8-2と同じ地形図の計曲線（10m，20m，30m）を太線でたどり，その数値をわかりやすく示したものを加えた。これにより，半日巡検の視点(ウ)を把握しやすくなる。また，半日巡検の視点(ア), (イ), (エ)では現在だけでなく，過去にもさかのぼって理解するため，以下の異なる時代の地図を使用した。

・近世末期：1854（安政元）年発行の「染井駒込王子辺絵図」，1857（安政4）年発行の「東都駒込辺小石川絵図」[5]

第8章　近世末期・明治期以降の地域変容に着目した市街地での半日巡検　163

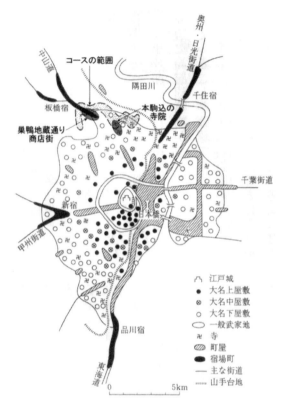

図8-1　大江戸の地域構造概略図（正井, [1996] に一部加筆）
大名上屋敷：大名の住居，大名に仕える武士の仕事場など，
大名中屋敷：大名上屋敷の補助的役割，大名下屋敷：大名
の別荘，災害時の避難場所（上京した武士の宿泊施設所は
大名上屋敷・大名中屋敷・大名下屋敷にあった）
五街道：東海道，甲州街道，中山道，奥州街道，日光街道

・明治初期：1880（明治13）年測量の20,000分の1迅速測図[6]「下谷区」の一部（以下，「迅速測図」）
・明治後期：1909（明治42）年測図の10,000分の1地形図「早稲田」，「上野」の各一部（以下，「地形図A」）
・昭和初期：1929（昭和4）～1930（昭和5）年修正測図または測図の10,000

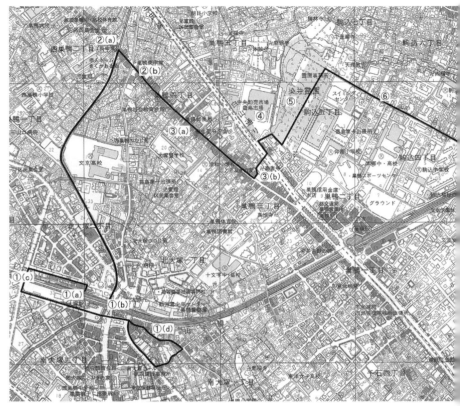

図 8-2 半日巡検のコース（国土地理院 10,000 地形図「池袋」,「上野」を 75%に縮小, 1998 年修正）太線がコース, ①〜⑭が観察ポイント。ただし, 観察ポイント⑩, ⑫, ⑭ (a), ⑭ (b) では, 敷

分の 1 地形図「王子」,「三河島(みかわしま)」,「早稲田」,「上野」の各一部（以下,「地形図 B」）
- 昭和中期(1950 年代後半)：1956 〜 1957 年修正の 10,000 分の 1 地形図「王子」,「三河島」,「池袋」,「上野」の各一部（以下,「地形図 C」）
- 現在：1998 年修正の 10,000 分の 1 地形図「池袋」,「上野」の各一部（以下,「地形図 D」, 図 8-2）

第8章　近世末期・明治期以降の地域変容に着目した市街地での半日巡検　165

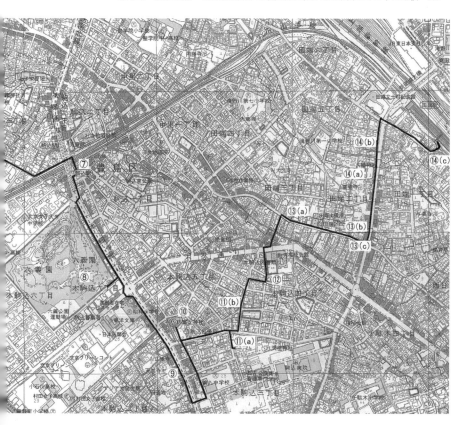

…のコース（の一部）を図示していない。

3. 半日巡検の観察ポイントと指導内容

（1）JR大塚駅（都電大塚駅前停留場）とその周り（豊島区南大塚三丁目など，観察ポイント①（a）～（d））[7]

　観察ポイント①でのねらいは，台地と谷の地形のようすを観察させること，鉄道や道路のルートを通して，台地と谷，旧河川の関係を知ることである。

(a) JR大塚駅（豊島区南大塚三丁目）

　JR山手線大塚駅は，1903（明治36）年に当時の日本鉄道により開業した[8]。それを契機として，駅の周りを中心に市街地が形成されたことを地形図A・Bから確認させた。山手線は急勾配を避けるため，池袋台地の部分が切り通し，谷の部分（大塚駅のホームがある）が盛土になっていることを説明し，東口を中心に盛土になっているようすを観察させた。そのなかで，大塚ガードはレンガ（一部は石）積みになっていて，明治期に建築された貴重な構造物であることを説明した。開析谷は谷端川[9]が長い年月をかけて台地を侵食したことにより形成され，谷の西が池袋台地，東が本郷台地であることを説明した。

(b) 都電大塚駅前停留場（豊島区南大塚三丁目）

　都電荒川線大塚駅前停留場は，1911（明治44）年に当時の王子電気軌道により開業した。乗場は大塚駅のホームの真下（標高17m）にあることから，谷端川の開析谷のなかに位置することを説明した。

(c) 空蝉橋（豊島区南大塚三丁目・北大塚二丁目など）

　池袋台地の東端から谷端川の開析谷にかけて起伏に富んだ地形を観察させるため，駅（停留所）西の跨線橋である空蝉橋（地形図D，標高点［32m］あり）から東をみた（正面には東京スカイツリーが見える）。また，谷端川の開析谷の部分が盛土になっていることを確認させた。

(d) 大塚三業通り（豊島区南大塚一丁目）

　谷端川の開析谷のなかから本郷台地の西端を見上げながら高低差を確認させるため，駅（停留所）東の大塚三業通り[10]と交差する道路（標高15m）

写真8-1　大塚三業通りの蛇行（2014年3月撮影）
平坦な地形でありながら，道路が蛇行していることを不思議に思うであろう。

から北東または南西を観察させた（写真 8-1）。この通りが蛇行しているのは，1930 年代まで存在した谷端川の流路跡をそのまま利用したためである。そのことを迅速図，地形図 A・B から確認させた。また，開析谷の部分が平坦な地形になっていることを，地形図 D で確認させたうえで，平坦な地形であることは，谷端川の蛇行がしやすかった要因であることを説明した。

＊大塚駅前停留場から庚申塚停留場まで都電荒川線に乗車する。電車は谷端川の開析谷から本郷台地へ少しずつ上がっていく。

（2）都電庚申塚停留場と巣鴨庚申塚（豊島区西巣鴨二丁目，巣鴨四丁目，観察ポイント②（a）～（b））

　観察ポイント②でのねらいは，台地の上を通る街道に着目しながら，巣鴨界隈の歴史的背景について気づかせることである。

（a）都電庚申塚停留場（豊島区西巣鴨二丁目）

　本郷台地の上に位置する都電庚申塚停留場（標高 25m）は，王子電気軌道時代の 1911 年に開業した。停留場名はすぐ近くの巣鴨庚申塚②（b）に由来する。停留場の脇（踏切が設置）と通る旧中山道には，庚申塚商栄会（商店街）が明治通りの掘割交差点から巣鴨庚申塚の角まで南東へ向かって延びている。

（b）巣鴨庚申塚（豊島区西巣鴨二丁目）

　正式な名称は巣鴨猿田彦大神庚申堂である。1502（文亀 2）年に最初の庚申塔が創建された。なお，現在の塔は近世初期の 1657（明暦 3）年に創建されたものである。近世には，中山道と王子道が交差する立地条件のよさから，立場（休憩所）として栄えた[11]。

＊庚申塚停留場から稲荷坂（⑪（b）を参照）までの本郷台地は等高線の間隔が広く，高低差がほとんどないことを地形図 D から確認させ，徒歩移動を通して平坦な地形を体感させるようにした。

(3) 巣鴨地蔵通り商店街と高岩寺（豊島区巣鴨三丁目・四丁目，観察ポイント③ (a) ～ (b)）

観察ポイント③でのねらいは，観察ポイント②と同様，台地上を通る街道に着目しながら，巣鴨界隈の歴史的背景について気づかせることである。また，観察ポイント③への交通の利便性にすぐれていること（JR・都営地下鉄三田線巣鴨駅，都営バス「とげぬき地蔵前」停留所から近い）もあり，近隣以外から多くの人が訪れるようすを観察させた[12]。

(a) 巣鴨地蔵通り商店街（豊島区巣鴨三丁目・四丁目）

巣鴨地蔵通り商店街の範囲は，主に巣鴨庚申塚（観察ポイント② (b) を参照）から高岩寺（観察ポイント③ (b) を参照）を経て，眞性寺までの旧中山道沿いである（写真 8-2）。商業地として発展するようになったのは近世中期以降である[13]。なお，商店街名にもある「地蔵」は，眞性寺の地蔵（江戸六地蔵のひとつ）であることに注意を促した。

商店街に高岩寺への参拝客が多く立ち寄るようになったのは第二次世界大戦後である。とくに，1968 年に都営地下鉄巣鴨駅が開業したこと，1969 年に巣鴨駅前に大型店が開店したことにより，商店街はしだいに高齢者（近隣住民だけでない）を対象とした飲食店，土産物店，衣料品店を中心とした業種構成にかわっていったこと，すなわち客層や店舗（の商品）の差別化をはかることで活路を見いだしていった。

高齢者（近隣住民だけでない）を中心に多くの人が訪れるようすを観察させるなかで，出入口の段差をなくした店舗，値札の文字が大きく，わかりやすくした店舗が多いことや，ベンチが

写真 8-2　巣鴨庚申塚側からみた巣鴨地蔵通り商店街（2014 年 3 月撮影）
「巣鴨地蔵通り」の「地蔵」は，「高岩寺」の「地蔵」と思っている人も多いであろう。

道路脇に設置されていることに着目させた。
(b) 高岩寺（豊島区巣鴨三丁目）
　高岩寺は 1891（明治 24）年に東京市区改正計画により，現在の台東区から移転してきた。本尊の地蔵菩薩は病気平癒にご利益があるとされる「とげぬき地蔵」として有名であるが，秘仏のため，公開されていない。そのかわり，地蔵菩薩の姿を彫った御影（おみかげ）に祈願してもご利益があるとされる[14]。
　境内の聖観音像（しょうかんのん）の前では行列をつくっているようすがみられる。この像に水をかけ，自分の治癒したい部分に該当する像の部分に水をかけて，布で洗うことにより，病気平癒にご利益があるとされる[15]。

＊中山道（白山通り，国道 17 号）を横断する。旧中山道と比較すると，道幅が広いうえ，歩行者の往来よりも，自動車の往来が多いことに気づかせた。

(4) 東京都中央卸売市場豊島市場（豊島区巣鴨五丁目，観察ポイント④）
　近世・明治期には都市と農村との境界付近であった観察ポイント④でのねらいは，土地利用の変遷について着目させること，豊島市場のルーツと役割を知ることである。
　豊島市場は，豊島区・文京区・北区・板橋区（いたばし）などの八百屋に農産物を供給する東京都所管の市場であり，1937（昭和 12）年に現在の文京区本駒込・向丘から駒込市場が移転，改称した（写真 8-3）。敷地面積は 23,334m^2，1 日あたりの取り扱い数量は 362 トンである[16]。
　近世からの土地利用では，藤堂家（とうどう）の大名抱屋敷→幕府御

写真 8-3　東京都中央卸売市場豊島市場（2014 年 3 月撮影）
撮影時は日中であったことから閑散としているが，せりが行われる早朝には活況を呈する。

用林→巣鴨御薬園（薬用植物の栽培施設）→私有地（住宅，農地など）→豊島市場と変化したことを「染井駒込王子辺絵図」，迅速測図，地形図 A 〜 C から確認させたうえで，現在の市場付近は明治期まで都市と農村の境界であったことに注意を促した。

(5) 都営染井霊園（豊島区駒込五丁目，観察ポイント⑤）

観察ポイント④と同様，近世・明治期には都市と農村との境界付近であった。観察ポイント⑤でのねらいは，土地利用の変遷について着目させること，中山道（観察ポイント④付近）との景観のちがいを比較させること，霊園がどのような地形に立地しているか確認させることである。

染井霊園は 1874（明治 7）年に染井墓地として開設され，1935（昭和 10）年に現在名に改称された[17]。霊園は近世末期に建部家の大名下屋敷であったことを「染井駒込王子辺絵図」から確認させた。さらに，霊園付近は明治期まで都市と農村の境界であったことを迅速測図，地形図 A から確認させた。

霊園は自動車の往来が多い中山道から東にはずれているため，閑静で落ち着いた印象であること，周りに高層化した建物がきわめて少ないため，園内から見上げた空は広々していることを実感させた。なお，園内に駒込ゆかりのサクラのソメイヨシノが植えられている。霊園の大部分は本郷台地の上に位置するが，霊園の管理所（地形図 D の「事務所」）付近から北が谷になっている。半日巡検ではこの谷を確認させた。この谷は主に河川争奪前の石神井川が長い年月をかけて台地を侵食したことにより形成された開析谷と考えられる（図 8-3 の A）。河川争奪後の石神井川の下流部は現在の北区王子方面へ流路を変え，旧石神井川の流路には谷田川が流れるようになった（図 8-3 の B）。

(6) 染井通り（豊島区駒込三〜六丁目，観察ポイント⑥）

観察ポイント⑥でのねらいは，道路名の由来を知ること，台地上の住宅地の景観を観察させることである。

染井通りは染井霊園から六義園の北端まで延びる。道路名の由来は旧地名の「染井」による。旧地名が古い地図に示されていることを絵図，迅速測図，地

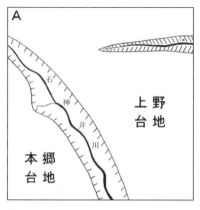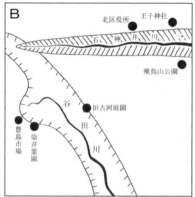

図 8-3　河川争奪の模式図（北区飛鳥山博物館［1999］，松田［2009, 2013］をもとに作成）
図は模式図であるため，方位とスケールを示していない。
異なる流域をもつ河川が侵食により，谷頭（こくとう）部を上流側に延長させて（「谷頭侵食」という），別の流域の河川とつながってしまう現象を河川争奪という。A では，右上部分（北東方向）にある上野台地の縁の侵食により，開析谷が形成された。その谷が谷頭侵食で流路を延長していき，B のように，石神井川の低地（谷）とつながった結果，石神井川の水は緩傾斜をもつ下部分（南方向）へ流れなくなり，旧石神井川の流路には，東京都中央卸売市場豊島市場を源流とする谷田川が流れるようになった。

形図 A・B から確認させた。近世の染井は江戸の市街地から少しはずれていたが，ソメイヨシノ（染井吉野）発祥の地であることから，園芸農業がさかんであった（「園芸農業のメッカであった染井」を参照）。それは，明治期も同様であり，植木畑（圃場）の地図記号がみられたことを地形図 A から確認させた。
　この通りには，一戸建て住宅や 4 〜 6 階建ての集合住宅が多いようすを観察させた（写真 8-4）。

園芸農業のメッカであった染井　江戸の市街地の北端には，藤堂家や建部家をはじめとする大名屋敷がいくつもあった。これらの屋敷の近くにある農村が染井であった。染井の住民たちは，大名屋敷の庭園の手入れや掃除などに従事し，さらに樹木や草花の栽培や品種改良に取り組むなど，植木屋として活躍した。代表的な功績は，エドヒガンザクラ（江戸彼岸桜）とオオシマザクラ（大島桜）

写真 8-4　住宅が立ち並ぶ染井通り（2014年 3 月撮影）
道路名から，このあたりがソメイヨシノ発祥の地，園芸農業がさかんであったことを想像する人も多いであろう。

の交配からソメイヨシノ（染井吉野）をつくるのに成功したことである。

　JR 駒込駅北口の染井吉野桜記念公園にエドヒガンザクラとオオシマザクラが植えられているのは，この付近がソメイヨシノ発祥の地であることによる。また，「染井王子巣鴨辺絵図」（1854年発行）に「此の辺 染井村 植木屋多シ」と記されていたように，染井は園芸農業のメッカであった。

　しかし，染井の園芸農業は，大正期になると市街地の拡大による農地の減少や関東大震災（1923［大正 12］年）の被害などにより，染井に植木畑をもつ農家はしだいに姿を消していった。染井にかわって台頭してきた代表的地域が，東京の大都市近郊に位置し，近世から園芸農業が行われていた埼玉県安行（あんぎょう）（現川口（かわぐち）市の一部）である。

※緑化研究会（1984），正井監修（2003），豊島区のホームページ「郷土資料館」の「駒込・巣鴨の園芸」https://www.city.toshima.lg.jp/129/bunka/bunka/shiryokan/jyousetuten/005868.html を参考にまとめた。

＊JR 駒込駅北口に到着，昼食のため一時解散（同駅南口に再集合）。

（7）JR 駒込駅（豊島区駒込二丁目，観察ポイント⑦）
　観察ポイント④・⑤と同様，近世・明治期には都市と農村との境界付近であった観察ポイント⑦でのねらいは，土地利用の変遷について着目させること，駅前と本郷通り沿いを中心とした市街地のようすを観察させること，線路沿いの

道路から台地と谷の地形のようすを観察させることである。

JR 山手線駒込駅は，1910（明治43）年に当時の国鉄により開業したが，その線路は 1903（明治 36）年に駒込を通っていた[18]。北口（巣鴨側）は本郷台地に位置するため，ホームから北口まで上がる。南口（巣鴨側）は東京メトロ南北線駒込駅への近道である。いっぽう，東口（田端側）は開析谷のなかに位置するため，ホームから東口まで下がる。なお，開析谷のなかを 1930 年代まで谷田川が流れていたことを迅速測図，地形図 A・B から確認させた[19]。また，南口のロータリーそばの道路（地形図 D，三角点[21.89m]あり）からわずかに東の地点から線路沿いの北東へ見下ろすことにより，本

写真 8-5　駒込駅南口付近から北東をみる（2009 年 4 月撮影）
手前の高所は本郷台地の北端，中央の低所は谷田川の谷である。起伏に富んだ地形は並行する JR 線がゆるやかな勾配であることからも理解が可能である。

郷台地の北端と谷田川の開析谷の起伏に富んだ地形のようすを観察させた（写真 8-5）。駒込駅開業の前年（1909 年）の本郷台地の場合，山手線の外側では農地がまだ多く残っていたことや，谷田川の開析谷では田（主に水田）が卓越していたが，20 年後の 1929 年になると畑や田は市街地になっていたことを地形図 A・B から確認させた。

駅前と駅に近い本郷通り沿いでは，10 階建て以上の建物（例：下の階は店舗・事業所，上の階は集合住宅）が立ち並ぶようすを観察させた。

（8）六義園（文京区本駒込六丁目，観察ポイント⑧）

観察ポイント⑧でのねらいは，土地利用の変遷に着目させること，現在の都市観光地としての性格を理解させることである。

六義園は柳沢家の大名下屋敷のなかにつくられた敷地跡を利用した庭園である。庭園名の由来は『古今和歌集』（紀 貫之）の序にある和歌の六風体「六義」による。1878（明治11）年に岩崎弥太郎（三菱財閥の創業者）が買収したが，1938（昭和13）年に岩崎家が当時の東京市に寄贈し，同年には市が公園として一般開放をはじめた[20]。このような土地利用の変遷を絵図，地形図A～Cから着目させた[21]。

半日巡検では園内に入らなかったが，正門前から樹木の緑に覆われている園内のようすを観察させた。ちょうどサツキが見ごろであったこともあり，観光客の出入りが多かった。六義園はJR・東京メトロ駒込駅から近くに位置していること[22]も，観光客が多い理由であることを説明した。

＊不忍通りを横断するときの交差点名は「上富士前」である。これは駒込富士神社（観察ポイント⑩を参照）前から上（北）に位置していることを意味する。1966年まで「駒込上富士前町」の地名が存在した（現本駒込の一部，地形図C・Dを参照）。

（9）寺院集積地域の一部（文京区本駒込二丁目，観察ポイント⑨）

観察ポイント⑨でのねらいは，同じ地域に寺院が集積しているようすを，台地上の平坦な地形に着目しながら観察させることである。

近世の江戸の市街地において，寺院の多くは大名下屋敷とともに外側に集中して配置される傾向にあった。寺院は外から敵が攻めてきた場合に備えて，防御の機能ももっていた。その典型が江戸の市街地の北部（本駒込界隈）であった。半日巡検で歩く本郷通りは，江戸の市街地において平坦な区間が多く，北から外敵の攻撃を受けやすくなっていたため，この通りに沿って寺院が集積するようになったと考えられることについて説明した。なお，半日巡検では，本郷通り沿いの北部分の集積地域を観察させた。

本郷通り沿いでは10～15階建ての集合住宅が目立つことから，寺院が集積していることを見落とさないように注意を促した（写真8-6）[23]。

（10）駒込富士神社と富士塚（文京区本駒込五丁目，観察ポイント⑩）

観察ポイント⑩でのねらいは，白山神社の歴史的背景について，境内の富士塚とあわせて気づかせることである。

駒込富士神社は，1628（寛永5）年に現在の文京区本郷から移転してきた。これは，徳川幕府による江戸の市街地の建設で，前田家の上屋敷の敷地にかかったことによる[24]。近世には富士信仰がさかんになったため，駒込富士神社に富士塚（高さ約7m）がつくられた[25]。塚の上（標高30m）には社殿がある。塚の下から上まで急坂の直線の参道（登山道）を上がることにより，塚の大きさを体感させた。

写真8-6　東洋大学白山キャンパスからみた寺院集積地域の北部分（2016年6月撮影）
樹木が生い茂っている寺院の本堂のすぐ後ろ（北方向）には，高層の集合住宅が建っている。さらに集合住宅のすぐ後ろには，本郷通りが通っている。
（追記）写真は半日巡検実施から2年後に，白山キャンパス2号館の最上階（16階）から撮影したものである。事前にこのような写真を撮影していれば，事前・事後学習として，参加学生に最上階から観察させることも可能であったと考えている。

（11）駒込名主屋敷と稲荷坂（文京区本駒込三丁目〜五丁目，観察ポイント⑪（a）〜（b））

観察ポイント⑪でのねらいは，名主屋敷の歴史的背景について気づかせること，近世の屋敷の周りの土地利用を確認させること，坂から台地と谷の地形のようすを観察させること，坂名の由来を知ることである。

（a）駒込名主屋敷（文京区本駒込三丁目）

駒込名主屋敷は，近世に名主を務めた高木家の屋敷である。主屋は1717（享保2）年の完成とされる[26]。敷地内への立ち入りは禁止されているため，道路の外から屋敷の建物を観察させた（写真8-7）。近世当時，屋敷の周りでは

畑が多かったことを「東都駒込辺小石川絵図」から確認させた。現在，屋敷の周りには一戸建て住宅や3〜5階建ての集合住宅が多いようすも観察させた。

(b) 稲荷坂（文京区本駒込四丁目・五丁目）

稲荷坂は，本郷台地の北端（標高23m）から谷田川の開析谷へ向かう途中（神明町）都電車庫跡公園のすぐ西，標高16m）までの区間にある。

写真 8-7　駒込名主屋敷の表門（2014年3月撮影）
表門は宝永年間（1704〜1711年）の建築とされる。屋敷とあわせて保存・活用に向けた取り組みが行われているので，今後の成果が期待される。

坂名の由来は，名主屋敷の敷地に祀られている宗十郎稲荷による（文京ふるさと歴史館2008）。

本郷台地の北端（坂の上）から起伏に富んだ地形を観察させた。

（12）神明町都電車庫跡公園（文京区本駒込四丁目，観察ポイント⑫）

観察ポイント⑫での主なねらいは，公園名の由来を知ること，1970年代以降の都市的土地利用の変遷に着目させることである。

神明町都電車庫跡公園は1975年に開園した。公園名の由来は，ここに1971年まで都電動坂線の神明町車庫があったことによる[27]。なお，神明町は1966年に消滅した旧地名の「駒込神明町」である。公園には都電で使用された2両が静態保存されていて，そのうち6063号（写真8-8）は1949〜1970年に神明町車庫に在籍していた経緯から，「里帰り」であることを説明した。

公園がある場所にはかつて車庫の建物が存在していたことを地形図B・Cから確認させた。また，公園に隣接して都営本駒込四丁目アパート（1971年完成），文京区立本駒込図書館（1974年開館）などが建っているところは，かつては都電営業所が建っていたことを説明した。これらから，1970年代以降の都市

的土地利用の変遷において，土地・建物の所有形態が引き続き公有である（東京都から文京区への変更を含む）ことに着目させた。また，地形図B・Cから路面鉄道（都電）の記号が示されている（神明町車庫前停留場から車庫への引き込み線も示されている）いることも確認させた[28]。

＊不忍通りを横断するとき，交差点名をみると「駒込稲荷坂下」の表示があることから，ここが谷田川の開析谷のなかであることがわかる。開析谷のなかの不忍通り沿いも10階前後の建物が目立ちつつある。

写真 8-8　神明町車庫に在籍していた 6063 号（2009年4月撮影）
1970年に荒川車庫に移籍，1978年に廃車となったが，都電車庫跡公園で静態保存されている。

（13）谷田川通りの一部（北区田端二丁目・三丁目，観察ポイント⑬（a）～（c））

観察ポイント⑬では，この通りが谷底を流れていた河川の流路を踏襲していることを確認させ，河川と関係の深い神社・橋跡に着目させた。

（a）谷田川の流路跡（北区田端二丁目・三丁目）

すでに染井霊園の管理所（観察ポイント⑤を参照）などから谷田川の開析谷を確認させたが，ここでは稲荷坂（観察ポイント⑪（b）を参照）の上から標高が12～16m低い谷田川の開析谷のなかを移動した。谷田川は1930年代に暗渠化工事により消滅し，流路跡が現在の谷田川通りになっていることを迅速測図，地形図A～Cから確認させた[29]。

流路跡に面する田端不動尊（北区田端三丁目）は，1935（昭和10）年に田端駅の近くから移転してきた（観察ポイント⑭（c）を参照）。

（b）水稲荷神社（北区田端二丁目）

　水稲荷神社は農業の神である宇迦之御魂神を祀っている。これは谷田川が農業用水として利用されていたこと関係が深い（芦田・工藤 1993）。明治期には，神社の対岸（谷田川の右岸）で（主に水田）が卓越していたことを迅速図，地形図 A から確認させた。

　神社の前の三差路で北（上野台地）が上り坂になっているようすを観察させたうえで，稲荷坂（観察ポイント⑪（b）を参照）からの移動により，通りは開析谷の底に位置することを確認させた。

（c）谷田橋跡（北区田端二丁目）

　谷田橋は同名の交差点でなく，交差点角の薬局の西に隣接する道路と谷田川通りが交差する地点（交差点からわずかに西）にあったことに注意を促した。橋は石づくりのこじんまりしたもので，谷田川の暗渠化工事により，田端八幡神社に移設・保存されていることを説明した。

（14）JR 田端駅とその周り（北区田端一丁目・二丁目，観察ポイント⑭（a）～（c））[30]

　観察ポイント⑭でのねらいは，田端八幡神社の歴史的背景について，境内の富士塚とあわせて気づかせること，台地と低地（谷を含む）を観察・体感させること，坂名の由来を知ることである。

（a）田端八幡神社（北区田端二丁目）

　田端八幡神社は 1189（文治 5）年に源　頼朝が奥州征伐の帰りにこの地に立ち寄り，鶴岡八幡宮を歓請して創建されたといわれる。近世には西隣の東覚寺と神仏習合の関係にあった。谷田川の開析谷のなかに位置する鳥居前(標高 13m）の参道には，谷田橋（観察ポイント⑬（c）を参照）が移設・保存されている。拝殿は石段をのぼった上野台地の上（標高 20m）に位置することを地形図 D から確認させた。また，石段の途中にある富士塚が崖の斜面を利用してつくられたことに注意を促した。

（b）東覚寺坂（北区田端二丁目）

　東覚寺坂は，谷田川の開析谷のなか（田端八幡神社のすぐ東の交差点付

近，標高 12m）から上野台地の南端（童橋，標高 23m）までの区間にある（写真 8-9）。坂名の由来は東覚寺による。坂は切通しを貫通する 1933（昭和 8）年完成の都道と並行しているため，坂の下から起伏に富んだ地形のようすを観察しやすい。また，坂をのぼりながら，高低差を体感させた。さらに，上野台地を中心に，明治期には農地が多く残っていたこと[31]を迅速図，地形図 A から確認させたうえで，現在では住宅地が広がるようすを観察させた。

(c) 不動坂

不動坂は，上野台地の北端（標高 23m）から同台地の崖の途中（田端駅南口，標高 15m）までの区間にある。坂名の由来は田端不動尊（観察ポイント⑬を参照）による。全長約 30m の区間の高低差は 8m の急坂で，石段（51

写真 8-9　東覚寺坂の下から見上げる（2014年 1 月撮影）
写真右側（南方向）の都道と比較することにより，東覚寺坂の高低差が確認しやすい。なお，奥にみえる高層建築は田端 ASUKA タワー（19 階建て，田端駅北口そば）である。

段）と転倒防止のための手すりが設置されていることに注意を促した。上野台地の北端から起伏に富んだ地形のようすを観察させた[32]。

もとは下町低地（標高 5m）まで坂が延びていたが，1883（明治 16）年に当時の日本鉄道により上野〜熊谷間（現在の JR 東北本線・高崎線の区間）が開通したことにより，現在の区間に短縮されたことを説明した。

4．半日巡検に対する参加学生の反応

参加学生には，実施直後のアンケート（レポートと兼用）を課した。本節は

アンケートに記された内容をもとに，参加学生の反応を紹介し，考察したものである。

参加学生の全員は，豊島区南大塚〜北区田端間における地域的特色の理解を深めることができたと回答していた。観察の視点(ア)に該当する内容では，「一部の地域では明治後期も農地がかなり多く，とくに駒込では園芸農業がさかんであったことに驚いた」，「異なる時代の地図を数枚使うことで，市街地がどのように拡大したかについて理解できました」の記載があった。また，観察の視点（イ）に該当する内容では，「昔も今も市街地であっても，場所によっては利用形態に違いが生じることがわかった」の記載があった。（ア）・（イ）とも，新旧の地図を利用しながら，地域変容を捉えていたといえる。

観察の視点（ウ）に該当する内容では，「東京は平坦な土地が広がっているイメージがあったが，台地と低地，台地と台地の間にある谷を実際にみたことで，そのようなイメージがなくなった」の記載があった。この記載は東京都以外の出身学生によるものであるが，半日巡検から地域をミクロスケールでみることの重要性も感じとったといえる。また，観察の視点（エ）に該当する内容では，「これまで，ぶらぶらと散歩した程度であったが，昔の地図を見ながら，ここには川が流れていたことを意識したら，地理的視点で新たに地域をみることができた」の記載があった。何気なく見過ごしていたことへの新たな発見は，地域の見方を養ううえでも重要である。また，（ウ）・（エ）の両方に該当する内容では，「現存しない河川がどこを流れていたかを確認しながら，地形の高低差を実感できました」のように，新旧の地図の使用に着目した記載があった。

さらに，「今回の巡検を経験して身の周りにこんなに教材になるものがたくさんあることに驚いた」を記載した学生は，とくに印象に残ったものとして，坂に面した場所で見つけた柱の高さが異なる建物（（ウ）に該当），大塚三業通りの蛇行区間（（エ）に該当）の写真も添付していた。したがって，この学生は身近な地域に適当な学習対象となる地理的事象が存在すること[33]を認識しはじめたといえる。

以上の内容から，参加学生は自分なりに，豊島区南大塚〜北区田端における地域的特色を理解したといえる。そのなかで，地域変容に着目したときに，新

旧の地図を利用することの重要性についてアンケートに相次いで記されていたことを踏まえると，半日巡検の実施による成果は大きいと考える。

5. おわりに

　今回のワンポイント巡検は，集合・解散地点とも文京区でない（途中で文京区が入る）が，通学などでなじみの深い区間が含まれていることから，白山キャンパスの地域的特色の理解を深めるうえで意義は大きいと考える。なぜならば，第6章第1節で述べたように，小学校→中学校→高等学校→大学に進むにつれて「学校の周り」の生活圏が拡大するからである。それゆえ，半日巡検の範囲が文京区と隣接する区の一部におよぶことは自然といえる。

　本章の実践では，豊島区・北区の一部（白山キャンパスから北西〜北東部）が，第7章の実践では，新宿区・豊島区の一部（白山キャンパスから南西〜北西部）が入っている。今後は，新宿区・千代田区・台東区・荒川区・北区の一部（白山キャンパスから南西〜南東部〜北東部）が入るような半日巡検（範囲が広くなり過ぎないように，2〜3に分けるのが適切であろう）の実践についても検討していきたい。

付記
　本章は，「地理教育巡検の実践（前編）　東洋大学における半日巡検―豊島区南大塚〜北区田端間の事例―」地理，第61巻第4号（2016年4月）をもとに加筆・修正したものである。

注
（1）第4章の注（1）を参照。
（2）第6章の注（2）を参照。
（3）参加学生が9名と少なかったのは，6日後のワンポイント巡検（第4章を参照）への参加に集中したためである。
（4）休憩時間は必要とする参加学生が皆無であったため，設けていない。

（5）絵図は人文社編集部（2010）：『嘉永・慶応 新・江戸切絵図』人文社を利用した。

（6）迅速図は 200% に拡大した。

（7）大塚駅とその周りのにぎわいについては庄田（2002）を参照。

（8）日本鉄道・国鉄時代を含む JR 山手線の詳細は杉﨑（2013）を参照。

（9）詳細は菅原（2012）を参照。

（10）大塚三業通りの「三業」は，料亭（芸者を呼んで客に飲食させる店で，主に和食専門の調理師がいる），待合（芸者を呼んで客に飲食させる店で，和食専門の調理師がいないため，食事は主に仕出しでまかなう），芸者置屋（芸者を送り出す施設）をさす。関東大震災後の 1924 ～ 1925（大正 13 ～ 14）年頃には，芸者 200 名以上，料亭 85 軒，待合 18 軒であった（沢 1971）。しかし，2012 年には芸者 10 名弱，芸者を呼べる料亭・料理店 5 軒まで減少した（2012 年 7 月 27 日付「東京新聞」の「大塚芸者と遊びましょ」による）。

（11）詳細は東京学芸大学地理学会編（1982），巣鴨庚申堂奉賛会のホームページ http://www.sugamokoushin.com/ を参照。

（12）商店街と高岩寺のにぎわいを詳細に分析した図書（1980 年代後半以降に発行）では，川添編（1989），倉沢編（1993），竹内（2005）などが参考になる。

（13）詳細は巣鴨地蔵通り商店街のホームページ http://www.sugamo.or.jp/ を参照。

（14）詳細は前掲（13）を参照。

（15）詳細は前掲（13）を参照。

（16）詳細は東京都中央卸売市場のホームページ「豊島市場のご紹介」http://www.shijou.metro.tokyo.jp/info/04/ を参照。なお，2014 年の 1 日の取り扱い数量は 360 トンである。

（17）詳細は東京学芸大学地理学会編（1982），公益財団法人東京都公園協会のホームページ http://www.tokyo-park.or.jp/profile/ を参照。

（18）詳細は前掲（8）を参照。

（19）今回のコースから少しはずれるが，駒込駅東口の周りにおける豊島区と北区の境界は谷田川の流路跡である。新旧の地形図を使用しながら，河川の流路（跡）と行政界との重なりについて確認することは，発展的学習をすすめていくうえで有効である。

（20）詳細は前掲（17）を参照。

（21）1854 年発行の「染井王子巣鴨辺絵図」には，柳沢家の下屋敷に「柳沢保申」の幼名の「松平時之助」の名前が記されている。

（22）このほか，都営地下鉄千石駅，東京都交通局の路線バス（都バス）・文京区コミュニティバスの「六義園入口」バス停からも近い。

（23）第3章の第3節（8）（観察ポイント⑧）を参照。半日巡検では寺院集積地域の北端をコースにしたため，第3章のワンポイント巡検のコースと重複しない。

（24）詳細は文京区のホームページ「観光スポット等」の「富士神社」http://www.city.bunkyo.lg.jp/bunka/kanko/spot/jisha/fuji.html を参照。

（25）第4章の「近世江戸の住民の富士信仰」を参照。

（26）詳細は文京区のホームページ「観光スポット等」の「駒込名主屋敷」http://www.city.bunkyo.lg.jp/bunka/kanko/spot/shiseki/nanushi.html を参照。

（27）詳細は文京区のホームページ「公園等の案内」の「神明町都電車庫跡公園」http://www.city.bunkyo.lg.jp/bosai/midori/kuritukouen/kouen/shinmeitodensyokoato.html を参照。

（28）地形図Cの時代の都電は20系統（江戸川橋〜須田町間，1967年廃止）と40系統（神明町車庫前〜銀座七丁目間，1971年廃止）である（東京都交通局，2011）。

（29）詳細は前掲（9）を参照。

（30）神社と坂の詳細は北区のホームページ「北区の歴史と文化財 田端地区歴史文化財マップ」https://www.city.kita.tokyo.jp/misc/history/bunks/a02_map11.htm（現在，北区飛鳥山博物館のホームページ「歴史文化財マップ田端地区」https://www.city.kita.tokyo.jp/hakubutsukan/rekishi/fureru/rekishi/map/tabata.html へ移行）を参照。

（31）森（2013）によると，かつて農地ではダイコンが栽培されていた。

（32）下町低地では，JR東北新幹線の高架区間（1985年3月に当時の国鉄により開通した上野〜大宮間の一部）が目の前を通っているが，起伏に富んだ地形を確認させるうえで，とくに妨げになっていない。

（33）松岡（2012）がワンポイント巡検の理論的考察のなかで述べているが，半日巡検でも同様なことがいえる。

参考文献

芦田正次郎・工藤信一（1993）：『東京史跡ガイド⑰ 北区史跡散歩』，学生社，159p.

川添 登編（1989）：『おばあちゃんの原宿—巣鴨とげぬき地蔵の考現学—』，平凡社，195p.

北区飛鳥山博物館（1999）：『北区飛鳥山博物館常設展示案内』，北区教育委員会，120p.

倉沢　進編（1993）：『大都市高齢者と盛り場―とげぬき地蔵をつくる人びと―』，日本評論社，190p.

沢　寿次（1971）：『山手線物語』，日本交通公社，231p.

菅原健二（2012）：『川の地図辞典 三訂版 江戸・東京／23区編』，之潮，464p.

杉﨑行恭（2013）：『山手線―ウグイス色の電車今昔50年―』，JTBパブリッシング，175p.

竹内　宏（2005）：『とげぬき地蔵商店街の経済学―「シニア攻略」12の法則―』，日本経済新聞社，219p.

東京学芸大学地理学会編（1982）：『東京百科事典』，国土地理協会，755p.

東京都交通局（2011）：『都営交通100周年 都電写真集』，東京都交通局，159p.

文京ふるさと歴史館（2008）：『ぶんきょうの坂道 改訂版』，文京ふるさと歴史館，168p.

正井泰夫（1996）：江戸・東京・東京圏．西川　治編『三訂版 人文地理学』，財団法人 放送大学教育振興会，pp.168-177.

正井泰夫監修（2003）：『東京・地理の謎』，双葉社，220p.

松岡路秀（2012）：巡検等の学習の基礎的考察とワンポイント巡検の提唱．松岡路秀・今井英文・山口幸男・横山　満・中牧　崇・西木敏夫・寺尾隆雄編『巡検学習・フィールドワーク学習の理論と実践―地理教育におけるワンポイント巡検のすすめ―』，古今書院，pp.1-8.

松田磐余（2009）：『江戸・東京地形学散歩 増補改訂版―災害史と防災の視点から―』，之潮，318p.

松田磐余（2013）：『対話で学ぶ　江戸東京・横浜の地形』，之潮，247p.

森　まゆみ（2013）：『むかしまち地名事典』，大和書房，256p.

緑化研究会（1984）：『日本の植木生産地域』，古今書院，371p.

あとがき

　著者が東洋大学白山キャンパスの周りを中心に，地理教育巡検をはじめて実施したのは2007年6月であった。社会学部非常勤講師として教職科目「地理学」の授業を担当するなかで，白山キャンパスの所在地である文京区の事例を取り上げる機会がしばしばあった。教材研究のため，事前に文京区，ときには隣接する区にも範囲を広げてフィールドワーク調査（観察が主体）や文献調査を行うようになった。著者が知っているつもりであったところでも，新たな発見が多々得られた。そのうち観察では，何の変哲のないようにみえるところであっても，視点を定めてみると「百聞は一見に如かず」の言葉が当てはまり，驚きを通り越して感動的であった。このときの体験をもとに講義形式の授業を行ったところ，履修学生の興味・関心がいつにも増して高かった。しかし，講義形式の授業で済ませてしまうことに物足りなさを感じていた。著者は地理教育における巡検学習にも関心をもっていたこともあり，日曜日の休日を利用して任意参加形式で「地理巡検」を実施することが可能ではないかと考えるようになった。そこで，2007年3月に白山キャンパスで開催された日本地理学会春季学術大会の折に，社会学部専任教員（地理学）の北村嘉行先生（故人）・小俣利男先生・渡辺満久先生・小林正夫先生に「地理巡検」を実施したい旨についてご相談したところ，ご快諾をいただいた。その後も4先生にはさまざまなご助言もいただいたことに厚くお礼申し上げます。

　白山キャンパスでの「地理巡検」とあわせて，全国地理教育学会での活動，とくに「地理教育巡検」に触れておきたい。著者が同学会設立（2007年11月）のための準備活動にはじめて参加したのは2007年4月であったが，著者も巡検委員会のメンバーとして参加することになった。地理学・地理教育の学会では巡検が必ず実施されるが，ほとんどの学会では巡検を担当するのは集会委員

である。それゆえ，全国地理教育学会に巡検委員会が設置されていることに斬新さを覚えた。巡検委員会の会合では，「地理教育巡検」の理論的・実践的研究について活発な議論が行われた。このことが著者の白山キャンパスでの「地理巡検」を「地理教育巡検」と改めるきっかけになった。また，全国地理教育学会では2009年5月から約3年間，巡検学習論の構築を目指して「地理教育巡検研究委員会」が設置され，「ワンポイント巡検」の理論的・実践的研究についても活発に議論が行われた。このことが白山キャンパスでの「地理教育巡検」のなかに「ワンポイント巡検」を取り入れるきっかけになった。以上のように，全国地理教育学会での活動は，白山キャンパスでの地理教育巡検にも活かされている。同学会会長の山口幸男先生，巡検委員会前委員長の清水幸男先生，巡検委員会現委員長の横山　満先生，地理教育巡検研究委員会元委員長の松岡路秀先生をはじめとする会員諸兄姉にご指導・ご助言をいただいたことに厚くお礼申し上げます。

　著者が白山キャンパスの周りを中心に，ワンポイント巡検を含む地理教育巡検を実施し続けている主な理由は，学生が卒業後に教員になってから，身近な地域の学習で地理教育巡検を実施するうえでの一助になると考えたためである。さらに，地理教育巡検の参加を通して，異なる時代の地図で比較することや，他の地域と比較することの重要性を認識してほしいと考えたためである。しかし，参加学生がその後教員免許を取得しても，卒業後に教育以外の仕事に就くケースも多い。その場合，社会教育・生涯教育の橋渡しとして地理教育巡検を捉えていくことも重要であろう。さらに，まち歩きのなかに地理教育巡検の要素を取り入れていくことも有効であろう。いずれの場合も，地理を社会にアピールするうえでも意義は大きいと考える。

　本書をまとめるなか，2018年3月に高等学校の新学習指導要領が公表され，2022年度から「地理総合」が新設必履修科目となった。新学習指導要領の「2　内容」では「C　持続可能な地域づくりと私たち」が地理教育巡検に最も関係が深いといえる。それは，「3　内容の取扱い」で，「……生徒の特性や学校所在地の事情などを考慮して，地域調査を実施し，……」と明記されているからである（ここでの「地域調査」のなかには，「巡検」も含まれていると考え

あとがき　187

て差し支えないであろう）。すべての高等学校で地理と歴史のバランスのとれた学習がようやく可能となるなかで，地理教育巡検の果たす役割は大きいといえる。今後も著者は地理教育巡検の充実に向けて微力ながら，励んでいきたい。そのためには，地理教育巡検の実施前のフィールドワーク調査（観察，聞き取りなど）や文献調査がきわめて重要である。これらの調査では，東洋大学・文京区役所・文京区教育委員会・文京区立真砂中央図書館・文京ふるさと歴史館・豊島区役所・豊島区教育委員会・豊島区立中央図書館・豊島区立郷土資料館をはじめとする諸機関の方々，巡検対象地域を中心とする住民の方々には大変お世話になりました。地理教育巡検に興味・関心をもたれた方々が少なくなかったうえ，時にはあたたかい励ましをいただいたことは，実践をすすめるうえで大きな原動力になったといえる。大学が所在する地域への貢献の重要性がいっそう高まるなか，本書が少しでも貢献することが可能となれば，著者としてこれ以上の喜びはない。

　最後に，著者の大学院生時代の指導教員，正井泰夫先生（立正大学名誉教授，故人）について記しておきたい。正井先生のご専門は都市地理学，文化地理学，地図学であったが，村落地理学，交通地理学，観光地理学，地理教育などにも造詣が深かった。また，正井先生の研究対象地域のひとつが東京都であった。授業や研究指導などを通して，近世の江戸から現在の東京都まで幅広く論じてくださった。著者は東京都出身・在住でありながら，地理の視点で捉えると東京都がこれまでと全くちがって見えてみえてきたことへの驚きと感動を忘れない。正井先生からいろいろとご指導をいただいたこと，正井先生のご研究の成果を地理教育巡検の参考文献などに活用させていただいたことなど，現在も感謝してもしきれない。本当にありがとうございました。

2018 年 11 月　中牧　崇

著者略歴

中牧　崇（なかまき たかし）

1970 年　東京都生まれ。

2000 年　立正大学大学院文学研究科地理学専攻博士後期課程終了　博士（地理学）。

現在，東洋大学社会学部非常勤講師（東洋大学現代社会総合研究所客員研究員，東洋大学人間科学総合研究所客員研究員）。専門は，人文地理学（交通地理学，観光地理学，集落地理学），地理教育学。

主著：「群馬県藤岡市高山地区における交通の近代化と山村の変容」（地理学評論，75-7，2002 年），『群馬・産業遺産の諸相』（分担執筆，日本経済評論社，2009 年），『群馬の再発見―地域文化とそれを支えた産業・人と思想―』（分担執筆，上毛新聞社，2012 年），『地理教育・社会科教育の理論と実践』（分担執筆，2012 年），『巡検学習・フィールドワーク学習の理論と実践―地理教育におけるワンポイント巡検のすすめ―』（編著，古今書院，2012 年），『地理教育研究の新展開』（編著，古今書院，2016 年）。

書　名	**大学・地理教育巡検の創造**
コード	ISBN978-4-7722-5321-5　C3025
発行日	2018 年 12 月 15 日　初版第 1 刷発行
著　者	**中牧　崇** Copyright　© 2018 NAKAMAKI Takashi
発行者	株式会社 古今書院　橋本寿資
印刷所	株式会社 理想社
発行所	**株式会社 古 今 書 院** 〒 101-0062　東京都千代田区神田駿河台 2-10
電　話	03-3291-2757
FAX	03-3233-0303
URL	http://www.kokon.co.jp/
	検印省略・Printed in Japan

いろんな本をご覧ください
古今書院のホームページ

http://www.kokon.co.jp/

★ 800点以上の**新刊・既刊書**の内容・目次を写真入りでくわしく紹介
★ 地球科学やGIS，教育など**ジャンル別**のおすすめ本をリストアップ
★ 月刊『地理』最新号・バックナンバーの特集概要と目次を掲載
★ 書名・著者・目次・内容紹介などあらゆる語句に対応した**検索機能**

古 今 書 院

〒101-0062　東京都千代田区神田駿河台 2-10
TEL 03-3291-2757　FAX 03-3233-0303

☆メールでのご注文は order@kokon.co.jp へ